Luca Th. Hansen

Das
Geschenk des Himmels
annehmen

Die Begegnung mit der
Dualseele als Chance

2. Auflage 2020

Bibliografische Information der Deutschen Nationalbibliothek:
Die Deutsche Nationalbibliothek verzeichnet diese Publikation in der
Deutschen Nationalbibliografie; detaillierte bibliografische Daten sind im
Internet über dnb.dnb.de abrufbar.

Allgemeiner Hinweis: Alle Informationen und Empfehlungen in diesem Buch wurden vom Autor sorgfältig erwogen und geprüft. Sie dienen nicht dem Ersatz eines
Arztes oder Therapeuten. Eine Haftung seitens des Autors oder des Verlages und
seiner Beauftragten für etwaige Personen-, Sach- oder Vermögensschäden ist ausgeschlossen.

Links: Der Autor weist ausdrücklich darauf hin, dass im Text enthaltene Verweise
auf Internetseiten nur bis zum Zeitpunkt der Veröffentlichung überprüft werden
konnten. Auf spätere Veränderungen hat der Autor keinerlei Einfluss. Eine Haftung
ist daher ausgeschlossen.

Gender: Um den Text lesbar zu halten wird auf eine sprachliche Differenzierung
nach Geschlechtern verzichtet. Selbstverständlich sind, sofern nicht anders gekennzeichnet, stets beide Geschlechter gemeint.

2., leicht korrigierte und überarbeitete Auflage
© 2020 Luca Th. Hansen

Herstellung und Verlag
BoD – Books on Demand
Norderstedt

ISBN 9783749409761

gewidmet

allen Freunden und Helfern

in einer Zeit voller Herausforderungen

ganz besonders meiner lieben Frau

die mich das Annehmen und Vertrauen gelehrt hat

meiner wundervollen Tochter

und meiner ewigen Freundin

für ihre weise und liebevolle Unterstützung
nicht nur beim Abschluss des Manuskripts

und meiner Dualseele

sie hat mir Tore der Erkenntnis geöffnet

Inhaltsverzeichnis

„Seit jeher sind sich alle Autoren, die sich mit der Liebe befasst haben, einig in der Erkenntnis, dass sie eine Himmelsmacht sei, die uns wie ein Blitzschlag treffen kann. Jegliche Gegenwehr macht es noch schlimmer oder auch schöner - je nach moralischer Bewertung, die aber sowieso nichts ändern kann. Für mich als Geschichtenerzähler ist die Begegnung mit der Liebe die eigentliche Quelle künstlerischer Kreativkräfte. Oft habe ich gedacht, dass gerade darin ihr Sinn liegt. Ich bin überzeugt davon, dass ein großer Teil der kulturellen Leistungen der Menschheit aus der Liebeserfahrung stammt, vielleicht sogar, wie Freud vermutete, aus der Fähigkeit, die Unerfüllbarkeit der Liebessehnsucht zu sublimieren und in Poesie zu verwandeln. Wir brauchen aber nicht allzu große philosophische oder psychologische Spekulationen anzustellen, um zu erkennen, dass ein großer Teil der Faszination gerade in der Unerfüllbarkeit der Liebessehnsucht selbst liegt. Ich war immer der Meinung, dass Lust und Schmerz zueinander gehören und dass wir gut daran tun, beides zu den positiven Erfahrungen zu zählen. Letztlich ist die Liebe nichts anderes als ein Spiegelbild unserer eigenen Seele. Es sind nicht ein "Ich" und ein "Du", die sich da anblicken, sondern zwei unerlöste "Ichs".

So schön es ist, dass uns diese Erfahrung jenseits aller Alltäglichkeit begegnet und auch aus der Banalität des Alltäglichen enthebt, so fragwürdig ist aber gerade dieser Zustand, denn er schafft die Illusion, wir könnten ohne Bodenhaftung ein Engelsleben führen. Die Liebe ist nicht von dieser Welt, wir aber doch! Das ist die Tragik, mit der sich die Dichter seit Jahrtausenden herumschlagen."

Edgar Reitz, Autor und Regisseur, in einer E-Mail an L. Th. H. vom 17.02.2016
Veröffentlichung mit freundlicher Genehmigung von Edgar Reitz

Vorwort

Es gibt Tage im Leben, an denen etwas geschieht, bei dem man gleich spürt, es wird nachhaltig etwas verändern und man wird sich noch lange Zeit später daran erinnern. Vielleicht denken Sie auf der Suche nach Beispielen zunächst an äußere Anlässe, etwa Ihre Hochzeit, den ersten Job, die Schulentlassung oder das „erste Mal". Darüber hinaus gibt es aber auch Ereignisse, die von außen betrachtet eher unscheinbar und belanglos wirken mögen, aber die sie Erlebenden so sehr in der Tiefe der Seele berühren, dass sie vieles von dem, was sie bisher für wichtig und bedeutsam hielten, nichtig und klein erscheinen lassen.

Ich durfte eine solche Erfahrung machen, der Titel dieses Buches verrät es bereits, ich bin meiner *Dualseele* begegnet. Ein Geschenk des Himmels und gleichzeitig eine extreme Herausforderung, verbunden mit der Aufgabe, sie anzunehmen und etwas daraus zu machen. Ich habe mich lange gefragt, was ist mein Auftrag, meine Bestimmung in diesem Leben? Der nächste Schritt in Richtung ihrer Erfüllung mag sein, endlich dieses Buch zu schreiben.

Es ist allen gewidmet, die an die Liebe glauben, vor allem die Liebe zu sich selbst und zum Leben, dessen Drehbuch für jeden von uns längst von weiser Hand geschrieben ist. Allen Suchenden, die in ihrem Innersten spüren, dass sie entgegen ihrer Bestimmung leben und ihr Potenzial noch nicht ausschöpfen, dass unerfüllte Wünsche und Sehnsüchte in ihnen schlummern und es an der Zeit für Veränderungen ist. Und besonders allen, die *auch* die große und anspruchsvolle Erfahrung der Dualseelenbegegnung machen dürfen und sie annehmen und verstehen lernen möchten. Denn so wundervoll und lehrreich sie ist, so emotional äußerst schmerzhaft und leidvoll ist sie gleichzeitig. Vor allem aber ist sie eins: Eine große Chance – persönlich und weit darüber hinaus.

Immer wieder haben Freunde, Heiler und sogar vor Jahren meine Dualseele selbst mich ermutigt, ein Buch zu schreiben. *Dieses* Buch.

Und jedes Mal hat mein Herz laut *ja* dazu gesagt. Immer schon habe ich es geliebt zu schreiben. Nun ist es endlich an der Zeit, meine Erfahrungen auf diese Weise zu verarbeiten, und Ihnen die daraus gewonnenen Erkenntnisse über das Leben zugänglich zu machen. Mein Weg führte zu mir selbst und somit in das Bewusstsein, aus der Dämmerung in das Licht des Vertrauens, der Geduld und der Liebe. Ich möchte dieses Licht weitertragen und in den Herzen derer leuchten lassen, die sich dafür öffnen mögen.

Mich wieder intensiv mit den Erfahrungen der letzten fast sieben Jahre auseinanderzusetzen bedeutet für mich aber auch ein Wagnis. Viele aufwühlende Erinnerungen an die bisherige „aktive" Zeit mit meiner Dualseele werden beim Schreiben wach werden, schöne wie schmerzhafte. Aber es ist auch ein guter Weg, diese Erinnerungen in Dankbarkeit und Wertschätzung zu verarbeiten und gleichzeitig zu *bewahren*.

Ich bin ein einfacher Mensch, dies ist eine von außen betrachtet unspektakuläre Geschichte, und ich kann sie nur authentisch und mit den mir verfügbaren Mitteln erzählen, eher wie ein Architekt als ein Poet. Aber sie ist für mich im besten Sinne wegweisend und lehrreich gewesen und hat mein Leben verändert. Deshalb möchte ich diese Erfahrung, verbunden mit allem, was ich durch sie lernen durfte, mit Ihnen teilen. So darf ich vielleicht für andere Menschen selbst ein Wegweiser oder sogar Gefährte auf der Reise in Erkenntnis, Bewusstsein und Heilung sein.

Der rote Faden dieses Buches werden Fragmente der Geschichte sein, die ich mit meiner Dualseele erleben durfte. Daran knüpfen wie Meilensteine auf einer Reise verschiedene durch die Begegnung gewonnene Erkenntnisse an. Denn zwar ist jedes Zusammenspiel von Dualseelen einzigartig, dennoch lassen sich nicht ohne Grund bei (fast) allen dieser Begegnungen bestimmte Muster immer wieder erkennen. Die Ebene der allgemeinen, übergeordneten Erkenntnisse wird dabei in Form verschiedener *Exkurse* aufgefächert. Darin werde ich im Sinne wissenschaftlichen Arbeitens Informationen aus verschiedenen Quellen verarbeiten, sowohl zum Beleg meiner Aussagen als auch als Anregung zum vertiefenden Weiterlesen. Auch wenn dieses Buch somit partiell als Sachbuch gelten darf, ist es dennoch mein vorrangiges Anliegen zu *berühren*, nicht zu belehren.

Ich möchte einräumen, dass ich die für dieses Buch herangezogene Literatur nicht systematisch und ohne Anspruch auf Vollständigkeit ausgewählt habe. Oft war es das Schicksal, das mich zu dem einen oder anderen Autoren bzw. Thema führte. Nichtsdestotrotz (oder gerade deshalb!) ergibt sich in der Summe des Gelesenen für mich ein rundes, stimmiges und in sich geschlossenes Bild, was nicht ausschließt, dass es sich durch weitere Aspekte anreichern und vertiefen ließe, und auch, dass es möglicherweise abweichende oder gar kontroverse Standpunkte gibt, die hier nicht berücksichtigt werden.

Ich danke allen Heilern und Lehrern, die mir geholfen haben, diese anspruchsvolle und komplexe Thematik zu verstehen, und deren Wissen in dieses Buch einfließen durfte.

Denjenigen unter Ihnen, die sich schon in den weiten Welten der Seelen und der Spiritualität auskennen, die beispielsweise die Bücher von Rüdiger Schache, Eckhart Tolle, Rüdiger Dahlke, Robert Betz, Chang-Lin Zhang oder Varda Hasselmann gelesen haben, werde ich im Einzelnen vielleicht nur wenig Neues bieten können. Mein Anspruch ist es daher, das Wissen und die jeweils eigenen Perspektiven der verschiedenen Autoren zusammenzuführen wie zu einem großen Puzzle, das schließlich in Bezug auf die Dualseelenthematik (aber auch das Leben an sich) ein möglichst dichtes, stimmiges und aufschlussreiches Gesamtbild ergibt. Auf diese Weise wird vielleicht auch allen, die sich noch nicht intensiver mit derartigen Themen befasst haben, ein Weg eröffnet, der sie an einer der in diesem Buch gesetzten Wegmarken dort abholt, wo sie in ihrem Erkenntnisprozess derzeit stehen.

Ich möchte die Dinge darstellen wie sie waren und sind, mich aber bewusst jeglicher Wertung enthalten. Sie steht mir weder zu noch liegt sie mir nahe, denn ich blicke auf die bisherige gemeinsame Zeit mit meiner Dualseele in Dankbarkeit und voller Respekt gegenüber allen Beteiligten zurück.

So möchte ich ehrlich und authentisch von mir selbst erzählen und Ihnen keine Informationen, die für das Verständnis der Zusammenhänge wesentlich sind, vorenthalten. Aber ich werde auch mit Rücksicht auf die beteiligten Menschen die nötige Diskretion pflegen, indem ich personenbezogene Aspekte der Geschichte verfremde, keine persönlichen Details nenne und zudem die Namen der meisten Beteiligten verändere. Insbesondere meinen eigenen und den meiner Dualseele, denn du, liebe „Mara", sollst frei sein zu entscheiden, ob du dich hiermit identifizieren möchtest oder nicht.

Der Weg ist das Ziel. Auch ich bin auf dem Weg, und dieses Buch ist ein Meilenstein. Alles, was ich beschreibe, ist meine tiefste Wahrheit und Überzeugung, und dennoch sieht der Alltag manchmal noch anders aus oder fühlt sich anders an. Das macht Sie, liebe Leserinnen und Leser, zu Verbündeten auf Augenhöhe. In diesem Sinne würde ich mich freuen, wenn Sie sich frei von Erwartungen offen und unvoreingenommen einlassen und nachspüren, was das Geschriebene in Ihnen auslöst. Denn sicherlich ist dieses Buch nicht „zufällig" zu Ihnen gelangt. Sollten Sie nach dem Lesen den Wunsch verspüren, mit mir Kontakt aufzunehmen, können Sie mich sehr gerne unter der E-Mail-Adresse luca.th.hansen@gmx.net erreichen. Ich freue mich sehr auf Ihr Feedback!

Dass ich dieses Buch überhaupt schreiben kann verdanke ich einer Reihe lieber Menschen, die mich auf dem langen, steinigen aber auch lichtvollen Weg der vergangenen fast sieben Jahre unterstützt haben: Durch geduldiges und verständnisvolles Zuhören, Beraten, Spiegeln, Hinterfragen, Teilen ihrer Erfahrungen, Heilsitzungen vielfältiger Art oder auch nur durch ein freundliches Wort, einen aufmunternden Blick oder eine liebevolle Geste. Ihnen allen gilt mein tiefster Dank. Ohne sie wäre ich verloren gewesen.

Anmerkungen zur zweiten Auflage

Seit der Veröffentlichung der 1. Auflage Ende Mai 2019 habe ich mir mehrfach Auszeiten gegönnt, in denen ich dieses Buch noch einmal gründlich gelesen habe. Vor allem um nachzuspüren, was das Geschriebene nun, mit größerem zeitlichem Abstand, in mir auslöst, und ob es Bestand hat. Es hat mich sehr froh gemacht, diese wesentliche, ja geradezu existenzielle Frage jedes Mal uneingeschränkt mit ja beantworten zu können.

Und so enthält diese zweite Auflage keine wesentlichen inhaltlichen oder strukturellen Veränderungen, sondern lediglich einige kleinere Korrekturen und Überarbeitungen.

Ich danke allen Leserinnen[1], die mir so aufrichtiges, herzliches, positives und intensives Feedback zu diesem Buch geschenkt haben. Es war mit stets bewusst, dass es keine hohe Auflage erzielen würde, das war auch nie meine Intention. Aber zu spüren, es erreicht die *richtigen* Menschen, erfüllt mich mit großer Freude. So wird es seiner Bestimmung gerecht, gleichzeitig Orientierung und Trost sein zu dürfen – und für mich selbst ein heilsamer Schritt auf einem langen, intensiven Weg, der ein Geschenk des Himmels ist.

Ich wünsche Ihnen beim Lesen viele liebevolle, erhellende und heilsame Erkenntnisse.

Herzlichst, Ihr

Luca M. Hausen

Pfingsten 2020

---

[1] Tatsächlich waren es bisher ausschließlich *Frauen* aus Süddeutschland, Österreich und der Schweiz, die mit mir Kontakt aufgenommen haben – beides, Geschlecht und Wohnort, kein „Zufall".

*You can't stop the waves
but you can learn to surf.*

Jon Kabat-Zinn

Prolog

Als ich meine liebe Frau Anfang der 1990er Jahre kennenlernte unternahmen wir eine Tour mit dem Tretboot auf dem Ammersee nahe München, wo wir studierten. Wir führten eine eifrige Diskussion darüber, ob das Leben durch Schicksal oder Zufall gesteuert sei. Damals habe ich voller Überzeugung für den Zufall plädiert, verbunden mit der Option, ihn manipulieren zu können.

> *Man soll die Dinge so nehmen wie sie kommen.*
> *Aber man sollte auch dafür sorgen,*
> *dass die Dinge so kommen,*
> *wie man sie nehmen möchte.*

Diesen Spruch von Curt Götz hatte mein Englischlehrer mir bereits etwa zehn Jahre zuvor ins Poesiealbum geschrieben. Ja, ich hatte als Junge ein Poesiealbum. Ohnehin fühlte ich mich im Geiste stets den Mädchen und später Frauen näher als den Jungen, so habe ich bis heute auch stets „beste Freund*innen*" anstatt „beste Freunde".

Dass ich mich an die Zeilen erinnere verdeutlicht, wie sehr sie mich angesprochen haben, weil sie so sehr meiner damaligen Lebensphilosophie entsprachen: Ich war ein kleiner *Macher*, ein logikaffiner Rationalist mit technisch-praktischem Interesse und einem großen Bedürfnis danach, Situationen zu steuern und zu kontrollieren, weil ich mich nur *so* sicher fühlen konnte. Ungewissheiten waren für mich unerträglich, Geduld und Vertrauen waren mir nicht gegeben. Hatte mich mein Lehrer so treffend erkannt, oder schrieb er diesen Spruch in jedes Poesiealbum?

Meine Mutter träumte davon, dass ich Ingenieur werden würde, und auch wenn ich nicht wusste, was so ein Ingenieur genau macht. Eins war klar, es hatte irgendetwas mit Technik zu tun, das genügte mir. Aber schon der Physik-Leistungskurs brachte mich an die Grenzen meines Interesses und somit von dieser Zielvorstellung, die ich mir eine Zeit lang zu eigen gemacht hatte, ab.

17

Leider hat auch das Schulfach Deutsch nie meine Begeisterung geweckt, bis auf das eine Halbjahr in der 11. Klasse, in dem wir *Homo faber* von Max Frisch lasen. Ich fand mich so sehr in der Figur des Walter Faber wieder, nicht ahnend, dass der Roman auch einen Teil meines eigenen Lebensweges beschreiben würde, nämlich den eines Mannes, dessen Leben aufgrund einer Begegnung aus der für ihn so wichtigen Kontrolle gerät.

Schon einige Jahre zuvor war ich durch einen Film tief und nachhaltig berührt worden. Im Herbst 1984 wurde im Fernsehen *Heimat* von Edgar Reitz gezeigt, eine Chronik des 20. Jahrhunderts in elf Filmen, angesiedelt im kleinen Hunsrückdorf Schabbach. Ein großartiges Werk, erzählt mit einer unvergleichlichen Bedächtigkeit und Liebe für die Figuren, größtenteils in schwarz-weiß und mit vielen Laiendarstellern gedreht im Hunsrücker Dialekt. Mitten in meiner Pubertät erzählte mir Reitz unter anderem die Geschichte des jungen Hermann und seiner ersten großen Liebe Klärchen, einer Liebe, die auf brutale Weise an der moralischen Enge, dem „Spießertum" (Hermann) der Familie und des Dorfes scheitert. Einer Liebe, die er in solcher Tiefe Zeit seines Lebens nicht mehr erfahren wird.

Heimat ist eine Geschichte vom Weggehen. Viele Menschen verlassen im Lauf der Jahre Schabbach, manche, wie Klärchen und Hermann, werden nie mehr zurückkehren. Am deutlichsten wird das Thema anhand der Geschichte von Paul Simon gezeichnet: 1919 kommt er zu Fuß aus der Kriegsgefangenschaft in Frankreich zurück, setzt sich an den Küchentisch der Familie, wo sich alsbald das halbe Dorf um ihn versammelt. Doch Paul kommt innerlich nie wieder richtig zu Hause an. Seinem Fernweh verleiht er zunächst Ausdruck indem er Radios baut, die ihm ein Fenster zur weiten Welt öffnen. Er verliebt sich in Apollonia, die im Dorf als „Zigeunerin" geschimpft wird, doch anstatt mit ihr das Weite zu suchen heiratet er Maria, die Tochter des Ortsbürgermeisters. Eines Tages setzt Paul seinen Hut auf, steht mit verträumtem Blick vor der Schmiede des Vaters, sagt ihm, er gehe noch ein Bier trinken, und verschwindet über den Feldweg, der aus dem Dorf führt, spurlos. Er lässt seine junge Frau und die zwei kleinen Söhne, Anton und Ernst, in Ungewissheit zurück, ohne Abschied.

Fernweh ist ein Gefühl, das man seinen Lieben nicht zeigen darf. „Wo bist du schon wieder mit deinen Gedanken?" fragt [Pauls Mutter] Katharina und kann sich nicht vorstellen, dass die Füße eines Tages hinter den Gedanken herlaufen wollen. [2]

Auch im Film *Die andere Heimat – Chronik einer Sehnsucht*, der in der Mitte des 19. Jahrhunderts spielt, in einer Zeit als Armut und Hunger eine große Auswanderungswelle aus dem Hunsrück nach Südamerika auslösten, behandelt Edgar Reitz das Motiv des Fernwehs, der Sehnsucht nach dem Weggehen.[3] Die Ironie des Schicksals will es, dass schließlich nicht Jakob Simon, der sehnsüchtige Träumer, der sich mit den Sprachen der Eingeborenen so gut auskennt, dass sogar Alexander von Humboldt den Diskurs mit ihm sucht, sondern sein bodenständiger Bruder Gustav mit seiner Frau Jettchen, die eigentlich Jakob liebt, den langen Weg nach Rio Grande do Sul antritt.

Ich selbst habe in meiner Kindheit und Jugend niemals Fernweh verspürt. Im Gegenteil, ich war ein „*Heimweh*-Kind". Mit elf Jahren durfte ich, organisiert vom damaligen Arbeitgeber meines Vaters, der Deutschen Bundespost, eine Kinderkur im oberbayerischen Ruhpolding verbringen. Die längsten, hilflosesten vier Wochen meines Lebens. Die ersehnte Heimkehr wurde allerdings nicht zur gewünschten Erlösung. Und ich fragte mich, wofür ich vier Wochen lang so sehr gelitten hatte.

Ähnlich erging es mir mit *Heimat*. Nach dem Weggang von Paul Simon am Ende des ersten Films habe ich Folge für Folge seine Rückkehr herbeigesehnt, auf den Moment gewartet, in dem ihn seine

---

[2] Edgar Reitz: HEIMAT. Eine Chronik in Bildern, München/Luzern 1985, S. 85
[3] *Die andere Heimat* wurde im Mai 2014 in Berlin als Bester Film 2014 (Filmpreis in Gold), für die Beste Regie (Edgar Reitz) und das Beste Drehbuch (Edgar Reitz und Gerd Heidenreich) mit dem *Deutschen Filmpreis* ausgezeichnet. Einen Eindruck von der Not der Menschen im Hunsrück in der Mitte des 19. Jahrhunderts erhalten Sie anhand des unter https://t1p.de/0e0e (Kurzlink auf die Seite der „Schabbacher Kultur und Heimat Freunde e. V., zuletzt überprüft am 29.03.2020) veröffentlichten Briefes des Auswanderers Philip Kaster.

Maria endlich wieder glücklich in ihre Arme schließen kann. Doch alles soll anders kommen. Als Paul 1946, 18 Jahre nach seinem plötzlichen spurlosen Verschwinden, als erfolgreicher Unternehmer aus Detroit zu Besuch nach Schabbach kommt, ist er ihr fremd geworden. Was aber viel schlimmer ist: Er zerstört (allein kraft seiner Anwesenheit in der moralischen Enge des Dorfes) die inzwischen gefundene Liebe ihres Lebens zu Otto Wohlleben, der als Ingenieur den Bau eines Abschnitts der Hunsrückhöhenstraße leitet. Hermann ist ihrer beider Kind.

Das Motiv des Weggehens und sich Wiedersehens ist tief in meine Seele eingebrannt. Gleich ob es um Kunstwerke oder Erfahrungsberichte geht, jedes Mal berühren mich Szenen des Abschieds und der Rückkehr innerlich zutiefst.

Überraschenderweise ist Heimweh ein in der Psychologie relativ unerforschtes Thema, obwohl doch nicht wenige vor allem junge Menschen sehr darunter leiden, verbunden mit teilweise massiven Einschränkungen im Alltag und in ihrer Persönlichkeitsentwicklung. Häufiger hatte ich mit solchen Kindern zu tun. Eines davon öffnete mir die Tür zur Begegnung mit meiner Dualseele.

Sehnsucht ist Heimweh –
nicht nach einem bestimmten Ort,
sondern nach einem
ganz besonderen Menschen.

Birgit Ramlow[4]

---

[4] www.aphorismen.de/zitat/171400, Aufruf 05.12.2018

Ein Augenblick, der alles veränderte

„Augen – Spiegel der Seele!", hat meine Mutter mir in ein Fotoalbum an das Bild rechts geschrieben, das mich als kleinen Jungen, ein Dreivierteljahr alt, zeigt.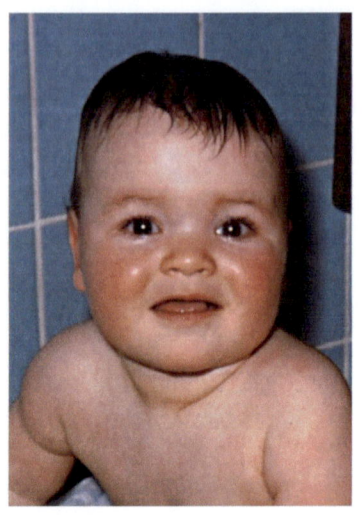

Ich habe zu diesen Worten, auch wenn ich sie nie infrage gestellt habe, lange Zeit keine konkrete Beziehung gehabt, sie waren für mich ein schöner aber abstrakter Satz.

Mittwoch, der 12. September 2012. Ich engagierte ich mich damals ehrenamtlich als Co-Trainer einer recht erfolgreichen Mädchen-Fußballmannschaft, und traf mich um fünf Uhr nachmittags mit einer Frau, deren Tochter wenige Wochen zuvor an einem von mir organisierten und begleiteten Trainingslager teilgenommen hatte, an einem Weg am Fluss außerhalb des Dorfes, um ein sehr vertrauliches Gespräch zu führen. Zugegeben, eine etwas ungewöhnliche Situation. Erst recht, wenn ich Ihnen gestehe, dass ich dieses Treffen innerlich zutiefst herbeigesehnt hatte.

Bereits im Frühsommer hatte sich Mara an mich gewandt. Laura leide seit der Klassenfahrt in der Grundschule an massivem Heimweh, schaffe es nicht einmal, bei guten Freundinnen zu übernachten. Ich sagte Mara zu, mich um Laura zu kümmern und zu versuchen, das Beste aus unserer Fahrt zu machen, und bot ihr an, mit ihr Kontakt zu halten, sich in der Jugendherberge einquartieren oder Laura abholen zu können, falls diese zu sehr leiden würde. Ich fühlte mich, über 30 Jahre nach meiner eigenen Heimweh-Erfahrung, geeignet und berufen, Laura, die wenige Tage vor der Fahrt elf Jahre alt geworden war, zu begleiten. Und so geschah es.

Jeden Abend saß ich zusammen mit dem Mädchen in meinem kleinen Zimmer in der Jugendherberge, und wir führten intensive Gespräche unter vier Augen. Zunächst ging es dabei um Ablenkung und um eine rein rationale Betrachtung der Situation. Wir rechneten aus, welchen (immer größer werdenden) Anteil der knapp viertägigen Fahrt sie schon „geschafft" habe, wie viele Stunden es noch bis zur Rückkehr am Freitagmittag seien, und ich versuchte das Bild ihrer freudig am Busbahnhof wartenden Eltern vor ihr inneres Auge zu locken. Ich erzählte ihr auch von meinem Heimweh-Erlebnis; der Vergleich, vier Tage gegenüber vier Wochen, beeindruckte zwar ihren Verstand, aber nahm ihr (natürlich) nicht den Schmerz.

Wer ähnliche Situationen bereits selbst erlebt hat, egal ob als Begleiter oder unter Heimweh leidender Mensch, der weiß, dass solche Ablenkungsstrategien keinen sonderlich nachhaltigen Erfolg versprechen. Man rettet sich bestenfalls einigermaßen über die Zeit. Das persönliche Signal „ich bin für dich da" ist dabei allerdings bedeutsamer als jedes gesprochene Wort. Denn oftmals rührt Heimweh aus Ängsten und Verlust-Traumata[5]. Anhand dessen, was Laura erzählte, wurde mir deutlich, dass sich Ihre Sehnsucht auf Mara bezog.

Schon am zweiten Abend der Fahrt hatte ich das Gefühl, mit meinem Latein am Ende zu sein. Kurz vor der Entscheidung, aufzugeben und Mara anzurufen, sah ich Laura mit einem Anflug von Verzweiflung eindringlich an und sagte: „Laura, du bist doch eigentlich ein g a n z s t a r k e s Mädchen." Ich blickte in zwei große Augen und nahm wahr, wie es in ihr arbeitete und sich ihre Gesichtszüge veränderten, von einem ungläubigen „du kannst nicht mich damit meinen" hin zu einem auch über sich selbst erstaunten „wirklich?". Ich versuchte, sie in diesem Gefühl zu bestärken, belegte meine Aussage mit etlichen Beispielen, viele kleine Dinge, die mir aufgefallen waren.

---

[5] Als psychisches, seelisches oder mentales Trauma oder Psychotrauma (von griechisch Wunde, τραύμα) wird in der Psychologie eine seelische Verletzung bezeichnet. (https://de.wikipedia.org/wiki/Trauma_(Psychologie), Aufruf 12.12.2018)

Rückblickend bin ich überzeugt, *dies* war der magische Moment, in dem alles begann, der mich öffnete für die Begegnung mit meiner Dualseele, die im Körper von Mara inkarniert ist. Den Weg dorthin hatte das Schicksal von langer Hand vorbereitet, mit Laura als Wegbereiterin.

Die mit diesem Moment einhergehende Veränderung bekam ich unmittelbar körperlich zu spüren: Laura hüpfte fröhlich aus meinem Zimmer, schlief an dem Abend früh ein und die ganze Nacht durch, während ich an den auf mich wartenden anderen Betreuern vorbei erst einmal nach draußen ging, frische Luft brauchte. Ich war stolz und froh über das Erreichte, fühlte mich aber plötzlich auch erschöpft, und spürte tief in mir eine unfassbare Traurigkeit und Sehnsucht aufkommen.

In der folgenden Nacht setzten die Schlafstörungen ein. Kurz nach vier Uhr wachte ich auf und war danach nicht mehr fähig, wieder einzuschlafen. Dieses Muster wiederholte sich von dieser Nacht an so oder ähnlich über mehrere Jahre.

Zurück zu Hause fühlte ich mich weiterhin sehr erschöpft, wie leergesogen. Ich redete mir ein, einfach mal wieder richtig ausschlafen zu müssen und alles sei wieder gut. Aber ich spürte bald, dass es nicht so einfach war. Abgesehen von den andauernden Schlafstörungen breitete sich in mir mehr und mehr diese tiefe Traurigkeit aus. Am achten Tag nach der Rückkehr brach es endlich aus mir heraus, ich konnte weinen wie ein kleines Kind, stundenlang. Bei allem Schmerz eine wunderschöne Erfahrung, hatte ich doch fast zwanzig Jahre nicht mehr geweint – nicht aber die erhoffte Erlösung.

Selbstverständlich sucht man in einer solchen Situation nach Erklärungen und folglich Strategien, wieder auf die Beine zu kommen. Für jeden Außenstehenden musste die Deutung plausibel erscheinen, dass durch die Erlebnisse mit Laura mein eigenes, über 30 Jahre altes und bis dato unverarbeitetes Heimweh-Trauma getriggert und reaktiviert worden war.

Ich suchte den Kontakt zu Lauras Familie, schlug vor, sie zu besuchen und von unseren Gesprächen in der Jugendherberge zu berichten, um ihnen so eine möglicherweise hilfreiche Unterstützung für die Zukunft bieten zu können – und gleichzeitig, so meine insgeheime Hoffnung, selbst mit der Fahrt und den dabei in mir ausgelösten Emotionen abschließen zu können.

Doch Laura mochte sich dem Thema nicht mehr stellen. Ihr Auftrag war erfüllt. So wurde aus meinem Angebot der besagte Spaziergang mit Mara am Fluss. Meiner Intuition folgend hatte ich ihr bei der Absprache vorgeschlagen, uns in einem ungestörten Rahmen zu treffen. Mir war eine geschützte, vertrauliche Atmosphäre wichtig, denn ich wusste, bei dem Gespräch würde es nicht nur um Laura gehen, sondern auch um mich.

Es wurde ein langes, intensives, sehr offenes Gespräch. So sehr ich mich im Hinblick auf meine Heimweh-Erfahrung offenbarte, so sehr öffnete sich zaghaft auch Mara, wissend, dass Lauras Heimweh viel mit ihr selbst zu tun hatte. Wir gingen nebeneinander, blieben aber auch immer wieder stehen und sahen uns tief in die Augen. Ihre Augen ... ich wunderte mich noch Tage später darüber: Um die großen, wunderschönen blauen Pupillen herum konnte ich vollständig das Weiß der Sklera sehen. Später erinnerte ich mich an die Worte meiner Mutter: „Augen – Spiegel der Seele." *Das* war es also. Wir hatten uns gegenseitig in die Seele schauen dürfen.

Nach dem Treffen am Fluss ging es mir nicht besser, es war mir nicht gelungen abzuschließen, im Gegenteil, die Traurigkeit und die Sehnsucht waren nur noch größer. Doch nun begriff ich, *wem* diese Sehnsucht galt! Ich dachte nur noch an Mara. Ich konnte kaum mehr schlafen und manchmal tagelang nichts essen, bekam den Alltag irgendwie bewältigt, wie weiß ich bis heute nicht.

Als ich mich Wochen später auf die Waage stellte, erschrak ich und freute mich zugleich: Ich hatte in weniger als zwei Monaten 16 kg an Körpergewicht verloren. Meine Kleidung passte nicht mehr, war viel zu weit geworden. Ich begann, mich neu einzukleiden. Und zu laufen. Schon immer hatte ich davon geträumt, 10 km am Stück zu schaffen, war jedoch stets gescheitert, hatte es zuletzt schon lange gar nicht mehr versucht. Obwohl ich mich müde und schwach fühlte, wagte ich es also nun wieder. Ich suchte mir einen Rundkurs aus, der mir ermöglichte, mich an einer bestimmten Stelle durch Umkehren oder Weiterlaufen für 5 oder 10 km zu entscheiden. Schon beim zweiten Mal lief ich durch und bin seitdem nie mehr umgekehrt. In der Craniosacralen Therapie wurde das innere Bild, über einen schnurgeraden, von Herbstlaub gesäumten Waldweg bergan auf ein gleißendes Licht zuzulaufen, mein Anker – wie ein Symbol für die Perspektive, mich eines Tages aus eigener Kraft zu heilen.

Ich bemerkte gravierende Veränderungen im Hinblick auf meine Sicht auf das Leben. Ich begann, ohne es mir bewusst vorgenommen zu haben, *nah zu sehen*, mich also beispielsweise sehr feinfühlig auf mich selbst und mir verbundene Menschen einzulassen. Äußerlich manifestierte sich diese Veränderung unter anderem sehr plakativ darin, dass das *Fern*sehen plötzlich überhaupt keine Rolle mehr in meinem Alltag spielte. Das ist bis heute so, und ich schätze es sehr.[6]

Beim Laufen konzentriert man sich (wie beim Meditieren) vor allem auf den Atem, und nicht so sehr auf das Denken. Es war daher auch gewissermaßen eine Kompensationshandlung, eine Ablenkung von der tiefen, schmerzlichen *Sehnsucht*. Ich habe sie nie abgelehnt oder verdrängt, sondern stets voller Respekt und Hochachtung betrachtet. Viele Menschen sprechen von Sehnsucht, aber ich behaupte, nur ein Bruchteil von ihnen hat jemals *wahre* Sehnsucht erfahren dürfen. Es ist ein so vielschichtiges, mächtiges, die Tiefe der Seele berührendes Gefühl, das immer wieder Künstler zu großen Leistungen inspiriert hat, wie es auch Edgar Reitz in seinem zum Geleitwort dieses Buches gewordenen Brief formuliert hat.

---

[6] Zur Förderung des Unbewusstseins durch das Fernsehen vgl. Sylvia Suckert: Dualseelen. Pioniere der neuen Zeit, Norderstedt 2016, S. 217ff.

In dieser Zeit entdeckte ich auch das Schreiben für mich wieder. Schon als Jugendlicher hatte ich Tagebücher und manchmal reimlose Gedichte geschrieben. Das über den Besuch des Konzentrationslagers Buchenwald während der Studienfahrt in die damalige DDR war sogar in der Abiturzeitung veröffentlicht worden. Nun also meine Sehnsucht als großer Antrieb, verbunden mit dem Bedürfnis zu verstehen, was ich da gerade erlebte, was es *war*, das Mara und mich auf so intensive, urtümliche Weise miteinander verband. Denn dass diese Erfahrung nicht mit gängigen Mustern zu erklären war, spürte ich von Beginn an.

erkannt

in der tiefe deiner augen

die vertraute seele gefunden

unschwer zu glauben

schwer zu leben

vorerst

25.2.13lth

Was machte die tiefen Gefühle zwischen Mara und mir aus? Es ist nicht leicht, das in Worte zu fassen. Jemandem, der etwas Vergleichbares schon mit dem eigenen Herzen erlebt hat, braucht man es allerdings nicht erklären, es ist sofort klar. Die vielen anderen jedoch werden es vielleicht nie verstehen und nachempfinden können.

Der folgende Versuch einer Beschreibung basiert auf den in der gängigen Fachliteratur[7] zu findenden Darstellungen der Symptome von Dualseelenbegegnungen und hat daher durchaus allgemeinen Charakter. Er wird durch meine Auswahl, die Verarbeitung in Ausdruck und Struktur sowie meine Ergänzungen zu einem Abbild meiner ganz persönlichen Wahrnehmung und Empfindung der damaligen Situation. Selbstverständlich ist, dass jede solche Begegnung einzigartig ist, und somit die genannten Aspekte unterschiedlich intensiv ausgeprägt oder eingefärbt sein können.

☯ Zwischen den beiden Menschen herrscht von Beginn an eine unendliche Vertrautheit samt einem Gefühl grenzenloser Nähe und Verbundenheit, wie man sie noch nie gegenüber jemand anderem empfunden hat. Es ist, als würde man sich schon ewig kennen.

☯ Die Begegnung löst bei beiden eine tiefe Ergriffenheit aus. Man spürt, in der Tiefe der Seele berührt zu sein, als sei man vom Flügel eines Engels gestreift worden. Man empfindet die Verbindung als göttlich, heilig, ewig.

☯ Es herrscht eine tiefe Intimität, es ist als begegne man sich selbst, als wenn man zu Hause ankommt, vollständig wird. Man hat das Gefühl, endlich etwas gefunden zu haben, von dem man überhaupt nicht wusste, dass und wie sehr man es gesucht hat.

---

[7] erstellt in Anlehnung an:
- Varda Hasselmann und Frank Schmolke: Die Seelenfamilie. Sinn und Struktur seelischer Beziehungen. Durchsagen aus der kausalen Welt IV, München [5]2001, S. 84ff.
- Anne Heintze: Seelenpartner. Liebe ohne Limit. Bedingungslose Liebe finden und schenken, München 2015, S. 46f.
- Sandra Ruzischka: Das Geheimnis der Dualseelen, Seelengefährten und Seelengeschwister. Karmische Verbindungen und über die großen Herausforderungen dieser Begegnungen in unserem Leben, Leipzig [4]2008, S. 33
- Ricarda Sagehorn und Cornelia Mroseck: Dualseelen & die Liebe. Wenn das Schicksal auf zwei Herzen trifft, Norderstedt 2012, S. 27ff.
- Suckert (2016), S. 34f.

☙ Das persönliche Wahrnehmen, Erleben und Empfinden ist äußerst intensiv. Man ist höchst emotional, sensibel und verletzlich wie nie zuvor.

☙ Die Begegnung hat etwas Magisches, Schicksalhaftes. Es geschehen wundersame Dinge, die mit dem Begriff Zufall nicht ansatzweise glaubwürdig zu erklären sind.

☙ Zwischen beiden wirkt eine unbändige Anziehungskraft, ein Magnetismus, eine Faszination füreinander, eine „Sehnsucht, die so stark im Innern brennt, dass man glaubt, ohne den anderen nicht sein zu können."[8] Man möchte alles gemeinsam erleben, jede Trennung schmerzt.

☙ Beide empfinden eine nie zuvor gespürte, nicht mit Worten zu beschreibende überirdische Liebe füreinander. Raum und Zeit verlieren jegliche Bedeutung.

☙ In Gedanken ist man permanent beim anderen, bei Tag und bei Nacht, er begleitet einen mitunter bis in die Träume. Mögliche Folgen sind Schlafstörungen, Erschöpfungszustände und Konzentrationsstörungen bis hin zur Unfähigkeit, die alltägliche Arbeit zuverlässig zu verrichten.

☙ Die gegenseitige Neugier ist unbändig, man möchte alles voneinander wissen. Es zeigt sich eine starke Synchronizität auf allen Ebenen, von den großen wichtigen Lebensbereichen und -ereignissen bis hin zu alltäglichen Kleinigkeiten. Auch im Hinblick auf gewisse (z. B. ästhetische) Vorlieben und Abneigungen entdeckt man große Gemeinsamkeiten.

---

[8] Sagehorn/Mroseck (2012), S. 28

☯ Man spürt eine ständige Verbundenheit, auch wenn man an einem ganz anderen Ort ist. Man glaubt mitzuempfinden, was der andere gerade tut, fühlt oder denkt, erlebt ohne jeglichen äußeren Anlass deutliche körperliche oder emotionale Reaktionen, beispielsweise einen Kloß im Bauch oder Hals, Druck oder Stechen im Herzen, starkes Herzklopfen, eine plötzliche innere Unruhe oder tiefe Traurigkeit. Die Gefühle potenzieren einander: Geteilte Freude wird zur doppelten Freude, geteiltes Leid jedoch auch zu doppeltem Leid.

☯ Der direkte Kontakt versetzt in einen Ausnahmezustand: Das Herz pocht, man zittert, ist unfähig, geordnete Gedanken zu fassen. Gleichzeitig herrscht wie selbstverständlich ein Gefühl tiefer vertrauter Geborgenheit und Klarheit. Man fühlt sich behütet und beschützt, ruht in sich und im anderen. (Mir ist bewusst, das mag Ihnen widersprüchlich erscheinen, aber ich werde Ihnen Verlauf dieses Buches eine Erklärung dafür anbieten können.)

Auch wenn Sie so etwas noch nicht erlebt haben, dürfte dieser Versuch einer Beschreibung deutlich machen, wie tief eine solche Begegnung berührt, wie sehr sie das bisherige Leben infrage oder gar auf den Kopf stellt, und was das für Betroffene bedeutet.

Im Hinblick auf den Auslöser des Erkennens sind sich übrigens alle Autoren absolut einig: Es ist ein *Augenblick*. [9]

Danach ist nichts ist mehr, wie es einmal war.

---

[9] vgl. Hasselmann/Schmolke (2001), S. 88; Ruzischka (2008), S. 28; Sagehorn/Mroseck (2012), S. 25; Suckert (2016), S. 34

Es gibt *einige* Freundschaften,
die im Himmel beschlossen sind
und auf Erden vollzogen werden.

Matthias Claudius

[Exkurs 1] Man sieht nur mit dem Herzen gut …

Wir leben im Zeitalter der Intelligenz. „Wissen ist Macht" formulierte der Philosoph Francis Bacon bereits Anfang des 17. Jahrhunderts und nur wenig später René Descartes „Ich denke, also bin ich." Der Verstand wird zur zentralen Instanz des Miteinanders und Lebens erhöht, sein Wirken geradezu mit dem Sein *identifiziert*.

Die Zeiten von Universalgelehrten wie Leonardo da Vinci, Isaac Newton oder der Brüder von Humboldt sind vergangen. Realität wird künstlich in wissenschaftliche Disziplinen seziert und Forscher dringen immer tiefer in die dabei entstehenden Fragmente ein. Alan W. Watts, zu seinen Lebzeiten einer der besten Kenner des Zen-Buddhismus, formulierte es so:

> *Der westliche Mensch gleicht in seiner Suche, das Universum zu erkennen und zu begreifen, einem Wissenschaftler, der in einer gigantischen Kathedrale (die das Universum darstellt) mit einer Taschenlampe einzelne Details untersucht, und sich so über Hunderte von Generationen hinweg ein Bild zu machen versucht. Sein fernöstlicher Kollege hingegen macht oben, an der Decke der Kathedrale, eine Lampe an. Zwar sieht er keine klaren Details, aber er bekommt eine Ahnung von der Gesamtstruktur!* [10]

Spezialisierung eröffnet ungeahnte Einblicke, birgt aber auch die Gefahr, den Blick für das Ganze und dessen Zusammenhänge zu verlieren. Dabei ist doch alles untrennbar *eins*. Trennung existiert somit nur in unseren Köpfen und drückt sich auch innerlich in Form eingeschränkter Wahrnehmung, selbstauferlegter Blockaden, isolierender Glaubenssätze und anderer selbst geschaffener Grenzen aus.

---

[10] in enger Anlehnung an Vera F. Birkenbihl: Stroh im Kopf? Vom Gehirn-Besitzer zum Gehirn-Benutzer, Speyer [55]2017, S. 295. Changlin Zhang liefert in *Der unsichtbare Regenbogen und die unhörbare Musik*, (…) Battweiler 2010, S. 22f., eine weitere schöne Veranschaulichung der Begrenztheit westlicher wissenschaftlicher Perspektiven in Form der Parabel *Die Blinden untersuchen einen Elefanten*.

Allmählich besinnen wir uns wieder dieser selbst erschaffenen künstlichen Begrenzungen und nähern uns der fernöstlichen Methode der Erforschung der Welt an. Reduktionismus und lineares Denken weichen einer *ganzheitlichen* Betrachtungsweise.[11] Spirituelle Lehrer sehen uns an der Schwelle zum *Zeitalter des Erwachens und der Transformation*, in dem wir wieder lernen, Realität in ihrer Vielschichtigkeit wahrzunehmen und in Vergessenheit geratene Dimensionen und Aspekte unseres Bewusstseins wiederzuentdecken und zu nutzen. Eine wesentliche Bedeutung haben dabei unsere Herzen, denn in ihnen sind Wahrheit und Weisheit beheimatet.[12]

Der Verstand trennt,
das Herz verbindet uns mit dem Universum.

Das Herz ist ein wacher Begleiter. Es ist dem Verstand nicht nur in seiner Intelligenz, sondern auch in seiner Wahrnehmungsfähigkeit um ein Vielfaches überlegen. Antoine de Saint-Exupérie hat es in seinem Buch *Der kleine Prinz* so formuliert:

> *Man sieht nur mit dem Herzen gut,*
> *das Wesentliche ist für die Augen unsichtbar.* [13]

Ein Satz, der weltberühmt wurde. Sicher nicht nur aufgrund seiner Schönheit, sondern auch wegen der für jeden Menschen in geeigneten Situationen spürbaren Wahrheit, die in ihm ruht und bereits seit Menschengedenken beschrieben wird. Schon Aristoteles bezeichnete mit dem Ausdruck *koiné aísthesis* (griechisch κοινὴ αἴσθησις) den gesunden Menschenverstand als Verbindung der Weisheit des Herzens mit dem Verstand.[14]

---

[11] vgl. Zhang (2010), S. 165ff.
[12] vgl. Rüdiger Schache: Herz über Kopf. Entdecke deinen wahren inneren Kompass, München 2018, S. 117
[13] Antoine de Saint-Exupéry: Der Kleine Prinz (1943), Neuübersetzung Köln 2015, S. 71.
[14] vgl. Schache (2018), S. 55f., und https://de.wikipedia.org/wiki/Gemeinsinn, Aufruf 17.04.2019

Sehr aufschlussreich ist auch die inhaltliche Vielfalt des Wortes Herz (Hrd, gesprochen Hrid) im Sanskrit[15]:

$$हृद्$$

Es umfasst die Bedeutungen Zentrum, Bewegung, Herz, Seele, Denken und Intelligenz, und beinhaltet somit per se den Einklang von Herz und Verstand.[16]

Die *Wahrnehmungsfähigkeit* des Herzens übersteigt die des Verstandes und der ihm zuarbeitenden Sinnesorgane um ein Vielfaches. Während Verstand und Unterbewusstsein etwa 40 bis 60 Informationen (Bits) pro Sekunde wahrnehmen und verarbeiten können, ist das Herz „in der Lage, das gesamte ‚Informationsfeld' mit allen elf Millionen Informationen abzugreifen, wahrzunehmen, zu verarbeiten und zu einem Ergebnis zu kommen."[17]

Seit einiger Zeit befassen sich Forscher intensiv interdisziplinär mit den Fähigkeiten des Herzens. Dabei stellten sie unter anderem fest, dass das Herz, das für gewöhnlich als nichts weiter als ein großer Muskel angesehen wird, zu knapp zwei Dritteln aus Neuralzellen besteht, die für die Verarbeitung von Informationen zuständig sind.[18] Der kanadische Neurokardiologe Dr. Andrew Armour entdeckte im Herzen ein komplexes neuronales Netzwerk, also einen speziellen Verbund von Nervenzellen, für den er bereits Anfang der 1990er Jahre den Begriff *heart brain* prägte. Dieses kleine Gehirn im Herzen verfügt über ein Kurz- und Langzeitgedächtnis, steht in ständiger Verbindung mit dem Gehirn und ist in der Lage, Körperreaktionen zu steuern und Gefühle zu erzeugen, und so dem Körper Hinweise zu

---

[15] Sanskrit ist die altindische Sprache, die dort teils heute noch als Literatur- und Gelehrtensprache verwendet wird. Die Darstellung erfolgt in der Devangari-Schrift. Viele religiöse Schriften des Hinduismus und Buddhismus wurden ursprünglich in Sanskrit verfasst.
[16] vgl. Schache (2018), S. 38
[17] Schache (2018), S. 26
[18] vgl. Schache (2018), S. 41

geben.[19] Ein Indikator für die hohe innere Aktivität, das Denken des Herzens, ist sein Sauerstoffverbrauch: Bei nur 0,5 % Anteil an der Körpermasse verarbeitet es 5 % des aufgenommenen Sauerstoffs.[20]

Die Wege des Herzens sich auszudrücken sind vielfältig und zeigen sich in Form körperlicher Impulse, die jeder von uns kennt: Ein plötzliches dumpfes Unwohlsein oder kribbelndes Euphoriegefühl, ängstliches Verkrampfen, Zittern, Unruhe oder das Gefühl wohliger Geborgenheit etc. Die Botschaften des Herzens manifestieren sich zudem in Träumen, Zeichen im Außen oder auch direkten Eingebungen. Oftmals wird der Bauch zum Sprachrohr des Herzens. Nicht von ungefähr werden wir immer wieder ermutigt, auf unser *Bauchgefühl* zu hören, unseren *siebten Sinn* bzw. unsere *Intuition*. Angesichts der Intelligenz des Herzens sicher ein weiser Rat.

Ein schönes Beispiel für den Charakter des Herzens ist die Partnerwahl: Während der Verstand den Partner fürs Leben notdürftig anhand von Aussehen, Prestige, Bildung, sozialer Stellung, Einkommen und Besitz auswählen würde, sind dem Herzen all diese Äußerlichkeiten völlig gleichgültig. Ihm geht es darum, die Ausstrahlung des anderen Herzens zu erspüren, sich von ihm berühren zu lassen, mit ihm in harmonische Resonanz zu gehen.[21]

Nicht die Schönheit entscheidet, wen wir lieben,
die Liebe entscheidet, wen wir schön finden.

Victor de Kowa

---

[19] vgl. www.heartmath.org/articles-of-the-heart/the-math-of-heartmath/heart-intelligence/, eigene Übersetzung, Aufruf 21.01.2019, sowie Schache (2018), S. 41
[20] vgl. Schache (2018), S. 41f.
[21] vgl. Schache (2018), S. 87f.

Möchten sie Ihren Herzverstand wahrnehmen? Spielen Sie dazu einfach gedanklich eine mit Emotionen behaftete die Zukunft betreffende Fragestellung durch und spüren Sie nach, wie ihr Herz darauf reagiert. Sein Ja oder Nein ist oftmals deutlich zu vernehmen. Ob und wie allerdings die Botschaften des Herzens wahrgenommen und gelebt werden ist stark vom Charakter eines Menschen abhängig: „Wird er den Mut haben, den Impuls umzusetzen, oder eher nicht? Ist er überhaupt sensibilisiert für solche Informationen, oder werden sie von seinem Unterbewusstsein schon vorher ausgefiltert? Hat er gelernt, seinen Impulsen zu vertrauen, oder wurde er dazu erzogen, nur der Vernunft zu folgen? Hat er Ängste und lässt zu, dass sie seinen Weg kontrollieren, oder geht er immer wieder durch sie hindurch?"[22]

Sich gegen das Herz zu wenden ist ein mühsames, letztendlich aussichtloses Unterfangen. Seine Botschaften sind da, unabhängig davon wie man mit ihnen umgeht. Ein gesundes Herz liebt die Klarheit, liebt es Dinge zu erleben die Freude bereiten und authentisch zu sein, sich nach außen zu geben wie man wirklich ist.[23] Ein ewig unterdrücktes, verdrängtes, nicht gehörtes, in Unklarheit, Negativität, Scheinheiligkeit und Heuchelei gehaltenes Herz wird rebellieren, sich Gehör über immer mächtigere Formen des Ausdrucks verschaffen, bis hin zu ernsthaften Erkrankungen. Somit ist es eine, vielleicht sogar *die zentrale Lernaufgabe* eines jeden Menschen, Herz und Verstand nachhaltig in Einklang zu bringen, und dem Herzen somit Flügel zu verleihen.

[22] Schache (2018), S. 78
[23] vgl. Schache (2018), S. 68

Rüdiger Schache liefert in seinem wundervollen Buch *Herz über Kopf* eine Reihe berührender Beispiele dafür, wie transplantierte Herzen charakterliche Eigenschaften, Begabungen, kulturelle Vorlieben, liebevolle Bindungen und Sehnsüchte – insgesamt „unser Menschsein in seiner schönsten und reinsten Form"[24] – auf ihren Empfänger übertragen. Es ist als würde der Spender als Teil des Empfängers weiterleben. Hieran wird deutlich, dass das Herz auch über seinen physischen Tod hinaus in der Lage ist, Informationen und Eigenschaften zu bewahren, die wir für gewöhnlich als die *Seele* eines Menschen bezeichnen. Somit führt er den Beweis, dass die *Seele im Herzen* beheimatet ist.[25]

Mit dem Wissen um die Seele im Herzen kommt auch Logik in die Tatsache, dass ein Herz tatsächlich und messbar wie ein Magnet auf andere Herzen wirkt. Weil auf diese Weise eine Seele eine andere sucht und findet. Weil sich genau so jene wiederfinden, die sich schon seit vielen Leben kennen. Seelen, die Dinge begonnen haben und sie nun fortführen möchten. Seelen, die sich Herzensversprechen gegeben haben und sie nun einhalten möchten. [26]

[24] Schache (2018), S. 115
[25] vgl. Schache (2018), S. 51, 74 und 115
[26] Schache (2018), S. 116

„Was ist das nur mit uns?"

Mara und ich brauchten uns nicht ineinander zu verlieben, die Liebe war einfach da, klar und durchdringend. *Beide* spürten wir diese tiefe Verbundenheit und Sehnsucht nacheinander, das konnten wir einander bereits sehr früh sagen. Wir hätten uns am liebsten täglich gesehen, anfangs verging allerdings teilweise ein ganzer Monat und mehr, bis Mara sich erlaubte, einen nächsten „Termin" mit mir zu vereinbaren.

Die Ungewissheit, wann und ob überhaupt wir uns endlich wiedersehen würden, wurde zur Qual. Entsprechend überfrachtet waren die Erwartungen an die dann stattfindenden Begegnungen. Nicht selten kamen wir kaum über das Hadern über die ach so schwierigen Umstände hinaus. Der Abschied voneinander war jedes Mal dramatisch. Filmreif, allerdings mit dem Unterschied, dass alles *echt* war, der Schmerz, das Zittern, die Tränen, das Fehlen der Worte und einander nicht loslassen wollen. Wir waren die Hauptdarsteller in unserem eigenen Film, und wir spürten, das Drehbuch ist von hoher Hand geschrieben.

Eines Tages saßen wir zusammen auf der Bank am Fluss, wo alles begann, und Mara bemühte aus ihrer Angst und Verunsicherung heraus die üblichen Klischees zur Deutung unserer Situation. Ich sah ihr in die Augen und sagte ganz ruhig und voller Überzeugung: „Mara, das mit uns, das ist etwas ganz anderes." So sehr mein Herz mir diese absolute Gewissheit schenkte, so wenig wusste aber *auch ich* zu dem Zeitpunkt unsere Gefühle füreinander zu erklären.

Die erste, der ich mich offenbaren konnte, war meine Heilpraktikerin Sabine. Auch der Weg zu ihr war kein Zufall. Ich kannte sie bereits als Assistentin eines Arztes in der Stadt 30 km entfernt, der sich inzwischen zur Ruhe gesetzt hatte. Obwohl ich in der Praxis nie direkt mit ihr zu tun hatte, war sie mir durch ihren wundervollen Schwarzwälder Dialekt aufgefallen und hatte auf mich sehr sympathisch gewirkt. Jahre später suchte ich nach einer Heilpraktikerin, die die

Colon-Hydro-Therapie (CHT) praktiziert, eine Spülung mit dem Ziel der Reinigung des Dickdarms, der Zentrale des Immunsystems, von Giftstoffen, Parasiten und Ablagerungen.

Seinerzeit war ich seit langem gesundheitlich anfällig, litt häufig an Infekten, die in zwei Lungenentzündungen gipfelten. Seitdem schenkte ich meiner Gesundheit mehr Aufmerksamkeit und setzte dabei auf alternative Heilverfahren, um unabhängig von den Antibiotika zu werden, die ich immer wieder verordnet bekommen hatte, und die mich gesundheitlich bei allem möglichen akuten Nutzen längerfristig betrachtet nur noch weiter in ein Ungleichgewicht gebracht hatten.

Bei der Recherche stieß ich auf eine gerade erst eröffnete Heilpraxis im Norden der Stadt. Am Telefon meldete sich eine vertraute Stimme, die ich zu dem Zeitpunkt jedoch noch nicht zuordnen konnte. Erst beim Wiedersehen vermochten wir den Weg des Schicksals nachzuvollziehen. Ich war einer von Sabines ersten Patienten, und gleich entstand eine vertrauensvolle, inzwischen gar freundschaftliche Verbindung zwischen uns.

Sabine praktiziert auch die *Mora-Therapie*, eine Bioresonanztherapie, mit der energetische Störungen oder Ungleichgewichte in Form elektromagnetischer Schwingungen diagnostiziert und auch ausgeglichen werden können.[27] Sie hatte sogar die Geräte ihres früheren Arbeitgebers übernommen. So konnte ich diese Therapieform bei ihr fortsetzen. Zu Beginn jeder Sitzung werden insgesamt vierzig Meridiane (vgl. S. 82) an den Endpunkten von Händen und Füßen gemessen. Die Ergebnisse bilden ein Diagramm, das in einem grünen Korridor Werte im Normbereich ausweist, zu hohe Werte (Überfunktionen) in rot und zu niedrige (Unterfunktionen) in blau darstellt.

---

[27] Changlin Zhang liefert mit seinem Buch *Der unsichtbare Regenbogen und die unhörbare Musik* (2010) eine anschauliche Erläuterung der *Zusammenhänge zwischen elektromagnetischen Feldern in Lebewesen und den Wirkungen von Akupunktur, Klangtherapie und anderen komplementären Heilmethoden.*

Sie ahnen vielleicht bereits, warum ich das so ausführlich erläutere? Bis zu diesem Tag ergaben die Messungen bei mir immer ziemlich farbenfrohe Diagramme, in denen rot und blau gegenüber grün deutlich überwogen. Anders gesagt: Die Ergebnisse spiegelten meinen Gesundheitszustand durchaus realistisch wider. An diesem Tag, gut zwei Monate nach der Begegnung mit Mara, entstand vor unseren staunenden Augen ein Diagramm aus vierzig grünen Säulen – obwohl ich mich alles andere als gesund fühlte. Körperlich war da immer noch die starke Müdigkeit und Abgeschlagenheit. Wesentlich gravierender war aber der seelische Schmerz, der mich an manchen Tagen Löcher in die Decke starren ließ und mehrmals beinahe veranlasste, meine Frau zu bitten, mich in die Psychiatrie einzuliefern.

Die grünen Säulen sprachen jedoch eine andere Sprache: Ich war körperlich gesund wie nie zuvor, was mich natürlich von dem Moment an weiter in der Haltung bestärkte, dass all das Leid auch sein Gutes haben würde. Die Begegnung mit Mara hatte offenbar etwas in mir ausgelöst, wozu kein Medikament, kein Nahrungsergänzungsmittel und keine noch so gute Therapie fähig gewesen wäre. Inzwischen weiß Ich, wie sehr das *offene Herz* die Gesundheit fördert, physisch wie psychisch.

Die Begegnung mit Sabine brachte *noch* etwas sehr Wegweisendes hervor. Wir berieten über die Frage einer seelischen Unterstützung, da sagte sie: „Ich kenne da eine Psychologin, die ist anders, *die spürt auch was.*"

Sofort fühlte sich diese Empfehlung goldrichtig an. Auch weil ich intuitiv davon überzeugt war, dass ich nicht schulmedizinisch und schon gar nicht medikamentös zu heilen sei. Um es vorwegzunehmen: Tatsächlich habe ich es geschafft, diese lange, schwierige Phase vollkommen ohne Psychopharmaka, Beruhigungsmittel, Schlaftabletten und dergleichen zu überstehen.

Recht bald erhielt ich einen Termin bei der Psychologin, einer weisen Frau, Doktorin, die ihre schulmedizinisch-psychiatrische Ausbildung durch eine Vielzahl spiritueller Erfahrungen und Lehrgänge in vielen Ländern und Kulturen der Welt angereichert hatte. Ihre Sitzungen mit mir begannen zunächst recht klassisch, am Beginn stand die Begegnung mit dem inneren Kind.

Ich fühlte mich bei dieser Frau gut aufgehoben, allein Sabines Bemerkung „die spürt auch was" genügte, um ihr vorbehaltlos zu vertrauen und ihr Wirken dankbar und zuversichtlich anzunehmen. Das Rückwärtsgehen in der Zeitachse meines Lebens erschien mir sinnvoll, zumal ja offenbar die Heimweh-Erfahrung als Elfjähriger längst nicht verarbeitet war. Aber sehr bald sollte sich zeigen, dass ich in noch wesentlich zu kleinen Dimensionen dachte.

Die zweite Sitzung fand am 7. Dezember 2012 statt. Auch einer dieser Tage, die ich mein Leben lang nicht vergessen werde. Die Kommunikation mit Mara gestaltete sich seinerzeit extrem schwierig, auch weil schlichtweg ein Rahmen fehlte, der es ermöglichte, uns regelmäßig offen und vertraulich miteinander auszutauschen, wo wir uns doch schon nur so selten sehen konnten. Sie hatte beispielsweise einfach kein eigenes E-Mail-Postfach! Ich hatte die Wahl zwischen der Adresse der Familie und ihrer Dienstadresse. Zudem fehlte ihr ein Rückzugsort, von dem aus sie in Ruhe und ungestört mit mir Kontakt aufnehmen konnte. Und alle Aktionen, die sie mit ihrem Smartphone oder am heimischen PC durchführte, würden, so ihre Befürchtung, kontrollierbar sein.

Dem gegenüber stand unsere große Sehnsucht, das Verlangen nach Kontakt und Austausch. Danach, sich genauer kennen zu lernen, mehr voneinander zu erfahren, aber auch einfach nur zusammen zu sein. Bereits bei einer kurzen Begegnung im November hatten wir (trotz halböffentlichen Rahmens am Rande des Trainingsplatzes) feststellen dürfen, wie ähnlich es uns in Bezug auf diese Sehnsucht ging, und dass wir die gleiche recht seltene Blutgruppe haben: *Null negativ.*

In einem emotional äußerst aufgewühlten Zustand kam ich an diesem Freitagnachmittag bei der weisen Frau an. Sie erkannte gleich, wie es mir ging. Wir setzten uns in das kleine Behandlungszimmer und sahen uns eine Zeit lang wortlos an. Innerlich bebte ich. „Es geht um diese Frau", brach es schließlich aus mir heraus.

Nachdem ich, kaum in der Lage einen vollständigen Satz zu formulieren, kurz über die aktuellen Entwicklungen und meine zugehörigen Empfindungen berichtet hatte, schwieg sie eine Weile, sah mich dann eindringlich an und sagte sehr behutsam und bedächtig:

„Was halten Sie von der Hypothese
Reinkarnation, Seelenverwandtschaft?"

Ich hatte nicht einen Sekundenbruchteil Zeit, darüber nachzudenken. Mein Herz antwortete sofort: Mein ganzer Körper geriet außer Kontrolle, zitterte, ja bebte, und ich brach in einen lange anhaltenden Weinkrampf aus.

Ich durfte in diesem Moment die große Überlegenheit des Herzens über den Verstand am eigenen Leib erfahren. Mein Kopf hatte nicht die geringste Chance auf die Frage zu reagieren! Das Herz konnte dieses laute, eindeutige „Ja" auf direkte, zutiefst bewegende, unmissverständliche Weise äußern. Und der Verstand stand ehrfürchtig daneben, demütig und wohl wissend, dass hier gerade etwas sehr Großes geschah. Ich denke noch heute voller Hochachtung und Dankbarkeit an dieses Erlebnis zurück. Es hat mir die Tore der Erkenntnis und Bewusstwerdung weit geöffnet.

Ich hatte mich zuvor niemals mit Wiedergeburt und der Unsterblichkeit der Seelen befasst. Und ich vermute, der homo faber in mir hätte dies nur wenige Monate vorher noch abgelehnt und keinen weiteren Gedanken darauf verwendet.

Doch es gibt Situationen, in denen die Ereignisse so eindrück-
lich und so deutlich sind, dass dem Verstand nur noch eine
Möglichkeit übrig bleibt: das alte Weltbild loszulassen und ein
größeres anzunehmen. [28]

Das war es also, eine **Seelenverwandtschaft**. Mara und ich kennen uns aus (einem) früheren Leben. Endlich hatte ich die schlüssige und zutiefst überzeugende Antwort auf die drängende, quälende Frage danach, was das mit uns ist. Wie eine Erlösung, mit einem Mal war alles absolut klar und stimmig.

Ich wundere mich noch heute, dass ich die Rückfahrt nach Hause unfallfrei überstanden habe. Ich habe die gut 40 km über nur geweint, aus Erlösung, Rührung und Glück darüber, was ich an diesem Tag erfahren durfte. Und ich weiß heute noch, welche Musik ich auf dieser Fahrt gehört habe, nämlich *Atom Heart Mother*, eine psychedelische Rock-Symphonie von Pink Floyd, entstanden, so wie ich, in den späten 1960er Jahren.

Doch auch die tiefe, schmerzhafte Sehnsucht und Trauer schwang mit. Die weise Frau hatte eine Erklärung dafür: Sie erzählte von vergangenen Zeiten, in denen Kriege, Verfolgung, Seuchen und Hungersnöte herrschten, und einander liebende Menschen häufig auf brutalste Weise voneinander getrennt wurden. Dieser Schmerz bleibt in der Seele gespeichert, so sehr, dass sich manchmal Seelenteile abspalten, um den Verlust überhaupt ertragen zu können.

Zum Abschluss der Sitzung führte mich die weise Frau in einer Meditation in die Abgründe meiner Seele. Dort sah ich in einem bedrückenden Szenario aus Enge, Gefangenschaft, Leid und grauer Finsternis direkt in Maras große blaue Augen.

Alles war und ist ganz klar. So laut und eindeutig war die Botschaft des Herzens, so wegweisend und eindrucksvoll, so berührend.

---

[28] Schache (2018), S. 59

[Exkurs 2] Die Symphonie der Seelen

*Es ist eine mutige Entscheidung, sich als grenzenloses
Seelenwesen in einen kleinen Körper zu inkarnieren
und Abhängigkeit, Ohnmacht,
Schutzbedürftigkeit und Angst zu durchleben.
Uns von hier aus in unsere Größe zu entwickeln,
ermöglicht uns zu erfahren, wer wir wirklich sind.*

Robert Betz[29]

Die Welten der Seelen zu verstehen bedeutet für unser durch Polarität und Trennung geprägtes Vorstellungsvermögen eine echte Herausforderung. Wir sind aufge*fordert*, die eingetretenen Pfade zu verlassen und uns *heraus* aus den üblichen, eng begrenzten Denkmustern zu bewegen.

Varda Hasselmann und Frank Schmolke charakterisieren die rein aus Energien bestehende feinstoffliche Heimat der Seelen mit den Begriffen „Nichtraum" und „Nichtzeit".[30] Dort herrscht in völliger Unabhängigkeit von Raum und Zeit die absolute Verbindung von allem mit allem.

Jede einzelne Seele birgt demnach *alle zeitlichen und räumlichen Dimensionen*, nämlich Vergangenheit, Gegenwart und Zukunft ebenso wie das Hier und das Überall, in sich. Sandra Ruzischka verwendet dafür den Begriff „Interdimensionalität".[31] Zur Veranschaulichung der Verbindung nutzt sie das Bild des Ozeans:

---

[29] Robert Betz: Mein Gedanke für den Tag, 29.03.2019 (als App oder tagesaktuell unter https://robert-betz.com/mediathek/mein-gedanke/), Zitation mit freundlicher Genehmigung von Robert Betz.
[30] Hasselmann/Schmolke (2001), S. 33
[31] Ruzischka (2008), S. 18

Stelle dir die Seele als Wassertropfen im riesigen Ozean vor. Der einzelne Wassertropfen mag nicht mehr als Individuum erkennbar sein, aber dennoch ist er es. Lediglich seine Grenzen verschwimmen. Das Wasser erscheint als einzige große Masse. Somit ist jeder Wassertropfen mit jedem anderen Wassertropfen verbunden. Alle Seelen/Wassertropfen ergeben zusammen ein größeres Gemeinsames – den Ozean. (...)
Das Ganze ist größer als die Summe seiner Teile. [32]

Einziges strukturierendes Element ist der unterschiedliche Entwicklungsstand der Seelen, das sogenannte *Seelenalter*. Die Reifung geschieht im Rahmen von *Inkarnationszyklen*, die in Etappen stattfinden. Es gibt daher „junge", also noch unerfahrene, und „alte", sehr reife Seelen.[33]

Da die Schwingung in den feinstofflichen Welten der Seelen aufgrund der universellen Ganzheit reine Liebe ist, ist nur in der trennenden Raum-Zeit-Polarität unserer *physischen Welt* das Sammeln von *Erfahrungen des Seins* möglich. Denn nur hier gibt es die Unterscheidung zwischen Extremen wie gut und böse, schwarz und weiß, warm und kalt, Tag und Nacht, Wahrheit und Lüge, Liebe und Angst, Mann und Frau, Leben und Tod, samt aller dazwischen gelagerten Abstufungen. Dieses polare Spektrum mit seiner breiten Fülle an Eigenschaften ermöglicht den Seelen in der fragmentierten, individualisierten Welt der Inkarnation erst das Erkennen und Ausleben der Anteile ihres Seins.

Um zu inkarnieren spalten sich einzelne Seelen aus der Ganzheit, nehmen durch Verbindung mit dem Körper eines Menschen Form an und begeben sich somit in die Erfahrungswelt des irdischen Lebens. Der Weg in die Vereinzelung der Inkarnation wird nicht allein

---

[32] Ruzischka (2008), S. 13. Der letzte Satz des Zitats entspricht dem Verständnis von *Synergie* nach Hermann Haken, vgl. Zhang (2010), S. 66.
[33] vgl. Ruzischka (2008), S. 19. Die Anführungszeichen erscheinen mir hier angebracht, um darauf hinzuweisen, dass die Begriffe hier nicht in unserem üblichen zeitlich linearen Sinne zu verstehen sind.

gegangen, die Seelen erfahren dabei Unterstützung durch ihnen in besonderer Weise verbundene *Seelenverwandte*. Dies sind vor allem die Mitglieder der *Seelenfamilie*, auch *Seelengeschwister* genannt, mit denen sie aus der Ganzheit der Urseelen, der *Urseelenwolke* heraus einst gleichzeitig „das Abenteuer der Inkarnation begonnen haben".[34] Sie sind somit *Brüder und Schwestern vom Ursprung her*, mit denen sie trotz der Isolation stets energetisch verbunden sind.

Jede Seelenfamilie ist einzigartig und in ihrer Grundschwingung von bestimmten Bedeutungen und Energien geprägt, die erst im Zusammenspiel mit größeren Seelenverbänden zum Ausdruck kommen. Hasselmann und Schmolke unterscheiden dabei sieben Grundenergien, die auf der Ebene der Seelenrollen durch bestimmte Archetypen repräsentiert werden: Heiler, Künstler, Krieger, Gelehrter, Weiser, Priester und König.[35]

Die Seelenfamilie ist „ein Hort des Schutzes und der Sicherheit."[36] Seelengeschwister stehen sich in der Phase des Inkarnationszyklus liebevoll und selbstlos zur Seite, haben ein großes, oft keine Worte benötigendes Verständnis und Einfühlungsvermögen füreinander und nehmen sich wie sie sind. Diese tiefe, innige energetische Verbindung können wir offenen Herzens in unserem Alltag spüren: Wir begegnen Menschen, die uns auf Anhieb sympathisch und vertraut sind, attraktiv, also *anziehend* auf uns wirken, so als würde man sich schon lange kennen – was auf seelischer Ebene tatsächlich oftmals der Fall ist! Und analog kennen Sie sicher auch Beispiele für Menschen, die Ihnen auf Anhieb unsympathisch waren, abstoßend auf Sie wirkten.

---

[34] Ruzischka (2008), S. 50

[35] vgl. Hasselmann/Schmolke (2001), S. 40-50. Dort finden sich ausführliche Charakterisierungen der Archetypen, die ein Hineinspüren in die eigene seelische Prägung ermöglichen. Jede Seelenfamilie ist meist von dreien der sieben Energien geprägt, in Ausnahmefällen können es auch zwei oder vier sein. Ich werde die Archetypen im Kontext der Dualseelenverbindung wieder aufgreifen (siehe S. 118).

[36] Hasselmann/Schmolke (2001), S. 93

Gerade in schwierigen Lebensphasen treten Seelengeschwister als Begleiter, Unterstützer und Förderer auf.[37] Dies entspricht meiner eigenen Erfahrung: So schwierig und belastend die Situation oftmals war, ich hatte in meiner Familie, meinen Freundinnen und Heiler(inne)n stets ein Umfeld, in dem ich offen damit umgehen konnte und das mich auffing und unterstützte, so gut es ging.

Die Seelenfamilie umfasst etwa 1000 vereinzelte Seelen und bildet das kleinste energetische Ganze in den Welten der Seelen. Die Inkarnationserfahrungen jedes einzelnen Mitgliedes gehen somit in das Bewusstsein der gesamten Familie ein, bilden eine einzigartige Identität.[38]

Über die Seelengeschwister hinaus gibt es weitere Seelenverwandte mit denen gemeinsame Inkarnationen durchlebt werden, die sich aber vom Seelenalter her unterscheiden können. Ruzischka bezeichnet sie als *Seelengefährten*, die uns Möglichkeiten eröffnen, noch nicht abgeschlossene Themen vergangener Inkarnationen weiterhin zu beleben und bearbeiten. Diese Gruppe ist eine *offene* Gruppe, das bedeutet es können *fremde Seelen* hinzukommen, mit denen wir bisher in noch keiner Inkarnation in Berührung gekommen sind, umgekehrt können andere auch wieder aus dem gemeinsamen Inkarnationszyklus ausscheiden.[39] Hasselmann und Schmolke nennen als Beispiele solcher Seelengefährten *alte Freunde* und *alte Feinde* sowie *karmische Verstrickungen*. In ihrer Terminologie sind solche Seelen vor allem der bis zu 7000 Seelen großen *Seelensippe* oder dem bis zu 49000 Seelen umfassenden *Seelenstamm* zuzuordnen. Alle Seelen, die sich auf der Erde in den Körpern von Menschen verwirklichen, bilden ein *Seelenvolk*.[40]

---

[37] vgl. Ruzischka (2008), S. 51
[38] vgl. Hasselmann/Schmolke (2001), S. 88
[39] vgl. Ruzischka (2008), S. 51
[40] vgl. Hasselmann/Schmolke (2001), S. 94ff., 90ff. und S. 54ff. Auch hier finden Sie übrigens die bereits im Kontext der Grundenergien gelesene Zahl *Sieben* wieder, diesmal als Zahl der Seelenfamilien pro Sippe sowie der Sippen pro Stamm. Zur besonderen Bedeutung der Zahl Sieben in den Welten der Seelen vgl. ebd., S. 41.

Die Inkarnation[41] ist ein unter Seelengeschwistern verabredeter und gemeinsam geplanter Vorgang mit dem Ziel des Reifens und Sammelns neuer Erfahrungen. Bestimmte Aspekte, Anteile und Potenziale, die in der jeweiligen Inkarnation betrachtet und entwickelt werden sollen, werden vorab ausgewählt und wie in einem Drehbuch für ein Rollenspiel, das Raum für Improvisationen lässt, durch entsprechende Konstellationen und Situationen angebahnt. Dabei ist es eher selten, dass die Mitglieder der Seelenfamilie auch in der Inkarnation als nahe Verwandte auftreten.[42] Rollenverteilung und Besetzung richten sich ganz nach den Erfordernissen der angestrebten Erfahrungen.

Gemeinsam werden schöne Erlebnisse, vor allem aber sehr leidvolle Szenarien geplant, denn sie bieten den Seelen das größte Erfahrungs- und Wachstumspotenzial. Was wir im irdischen Leben als existenzielle Krise, äußerste Belastung oder harten Schicksalsschlag empfinden ist das, woran die Seelen am meisten reifen. Sie, die Autoren des Drehbuchs, kennen den Sinn, freuen sich auf die neue Erfahrung und wissen: *Wir sind nicht allein!* Die Seelengeschwister an unserer Seite helfen uns, das Erlebnis und die damit verbundenen Lernaufgaben zu verkraften und meistern.

„An unserer Seite" bedeutet übrigens nicht die gleichzeitige Inkarnation der gesamten Seelenfamilie. Im Gegenteil: Nur ein Teil begibt sich in das Abenteuer des irdischen Lebens, der Rest verbleibt bewusst in der *astralen Welt*, um die in die *physische Welt* inkarnierten Geschwister energetisch zu unterstützen. Sie sind ständig mit ihnen in Verbindung, senden gute Energien und können, wenn sie sie z. B. in deren Träumen besuchen, wichtige Impulse und Erkenntnisse vermitteln.[43]

---

[41] aus dem Lat. *incarnatio*, wörtlich „Fleischwerdung", übertragen: Menschwerdung (vgl. https://de.wikipedia.org/wiki/Inkarnation, Aufruf 24.02.2019)
[42] vgl. Hasselmann/Schmolke (2001), S. 52
[43] vgl. Ruzischka (2008), S. 50

Den mit der Inkarnation verbundenen Lern- und Entwicklungsprozess untergliedert Ruzischka in drei aufeinander aufbauende Schritte:

1. Das Bewusstwerden der inneren Schattenanteile,
2. das Transformieren dieser Schattenanteile in Licht, und schließlich
3. die Integration der transformierten Schatten und Ganzwerdung als Verwirklichung des Lebensplanes.[44]

Ist eine Seelenfamilie auf diese Weise zur Ganzheit gelangt, ist der etwa 10 000 Jahre andauernde Inkarnationszyklus abgeschlossen, und die Familie geht in die *kausale Welt* über, um dort wieder (wie auch vor dem Inkarnationszyklus) in einer Ganzheit zu verschmelzen. Von dort aus können sie als *geistige Wesenheit* Kontakt mit inkarnierten Seelen aufnehmen, um ihr Wissen weiterzugeben.[45] Auch daran wird deutlich: Was wir aufgrund unserer Prägung als Kontinuum an einer Zeitachse ausrichten und in verschiedenen Sphären verorten würden, geschieht jenseits von Raum und Zeit. Alles ist jetzt und immer, hier und überall.

Die Struktur der Welten der Seelen sowie der unterschiedlichen Verwandtschaftsgrade finden Sie zusammenfassend auf der folgenden Seite abgebildet.

---

[44] vgl. Ruzischka (2008), S. 16. Diese Struktur lehnt sich an das von Rüdiger Dahlke beschriebene *Schattenprinzip* an (vgl. Rüdiger Dahlke: Das Schatten-Prinzip. Die Aussöhnung mit unserer verborgenen Seite, München [8]2010). Als *innere Schatten* gelten dabei „jene Aspekte unseres Wesens (.), die uns unliebsam und nicht wünschenswert erscheinen" (Ruzischka (2008), S. 42). Ich werde hierauf im Exkurs *Das Ego und ich* vertiefend eingehen.

[45] Ein Beispiel dafür ist die sich über das Medium Varda Hasselmann Ausdruck verschaffende (von den Autoren „die Quelle" genannte) Wesenheit, die die Informationen für die von Hasselmann und Schmolke veröffentlichten Bücher zum Themenbereich Seele zur Verfügung stellt (vgl. Hasselmann/Schmolke (2001), S. 7ff.). Ein weiteres Beispiel ist die auf S. 86 zitierte Wesenheit *Ramtha*.

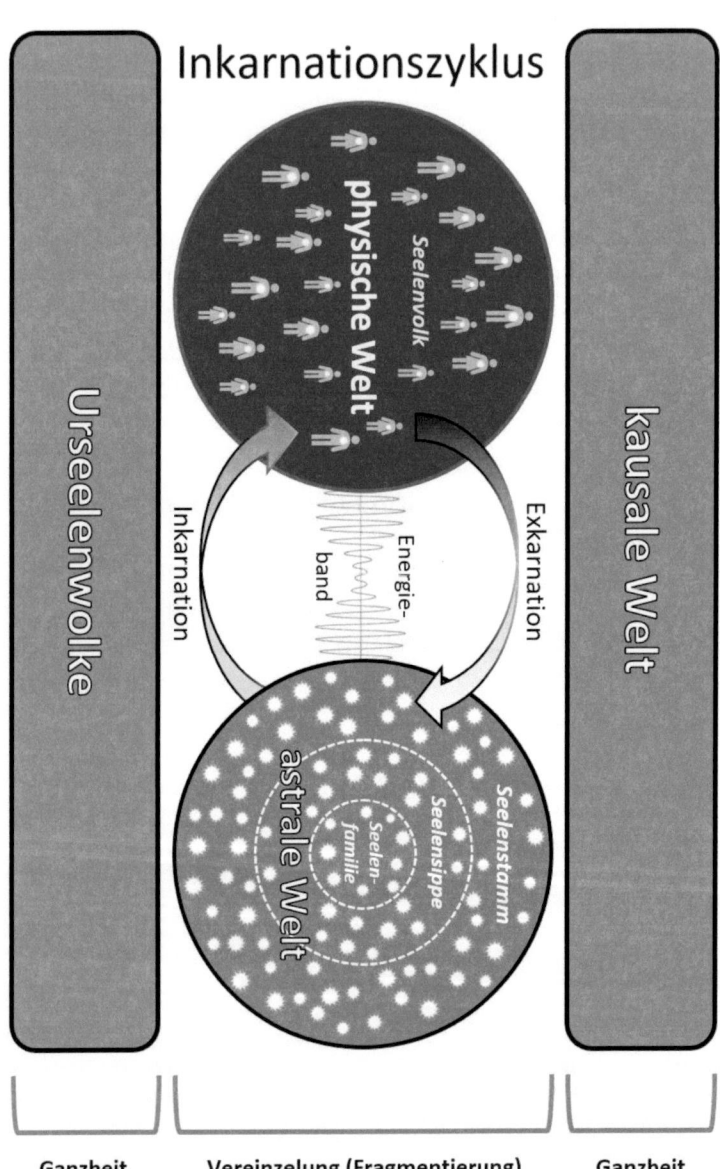

Entwicklung

Inkarnationszyklus

Urseelenwolke

kausale Welt

physische Welt

Seelenvolk

Inkarnation

Exkarnation

Energie-
band

astrale Welt

Seelenstamm

Seelensippe

Seelen-
familie

Ganzheit   Vereinzelung (Fragmentierung)   Ganzheit

Seelenverwandt – und nun?

Völlig aufgelöst kam ich an diesem 7. Dezember 2012 zurück nach Hause. Meine Frau begegnete mir im Flur, und ich gab ihr zu verstehen, ich habe ihr etwas Wichtiges mitzuteilen. Ich legte mich in mein Bett, wartete auf sie und weinte, nun auch aus Unsicherheit vor ihrer Reaktion. Nach einer Weile setzte sie sich zu mir. Ich brachte nicht viel heraus, nur etwas wie „wir kennen uns aus einem früheren Leben". Sie dachte kurz nach, sah mich dann an und sagte:

„Dann nimm es an und mach das Beste daraus."

Ich war und bin bis heute tief beeindruckt von der Größe ihrer Reaktion. Sie hätte aus meiner Sicht Grund genug gehabt, alles Mögliche zu tun, etwa die Erkenntnis infrage zu stellen, mit Unverständnis oder Ablehnung zu reagieren, mir den Kontakt mit Mara zu verbieten oder mich zu verstoßen. Aber sie gestand mir ganz im Gegenteil nicht nur die Freiheit zu, sondern forderte mich geradezu auf, diese ungewöhnliche und anspruchsvolle Situation anzunehmen und etwas daraus zu machen. Ohne, dass zu diesem Zeitpunkt einer von uns beiden auch nur ansatzweise erahnen konnte, was denn „das Beste" sein würde.

Ich bin meiner lieben Frau unendlich dankbar für diese weise und empathische Reaktion. Offenbar war sie als Seelenschwester auch an dieser Verabredung beteiligt. Sie hat die Türen geöffnet und Weichen gestellt für einen Prozess, der für uns beide oft nicht einfach war und mehrfach für unsere Beziehung existenzielle Konflikte hervorgebracht hat, uns andererseits aber auch viele intensive lehrreiche und herzliche Begegnungen und Erfahrungen bescherte und dadurch unsere Leben bereicherte und ihnen neue Perspektiven eröffnete. Wir besuchten meine Helfer teilweise gemeinsam, und ihr gelang es auch, nachdem uns zwischendurch völlig unabhängig von der weisen Frau ein Engelmedium die Seelenverwandtschaft samt des schmerzlichen Verlustes bestätigt hatte, meine nächste, für mich so wichtige Unterstützerin aufzutun.

Es war in einer schwierigen Phase, etwa ein Jahr nach der Begegnung. Der Kontakt mit Mara gestaltete sich nach wie vor kompliziert und unbefriedigend, sowohl organisatorisch als auch inhaltlich, zudem hatte sich die weise Frau unerwartet im Frühjahr aus der aktiven Praxis zurückgezogen. So war ich eine Zeitlang ohne professionelle Begleitung, was sich zunehmend als belastend erwies.

Im Herbst 2013 fuhr ich sehr kurzentschlossen auf Geheiß meiner Frau nach Juist. Ich hielt die Situation vor Ort einfach nicht mehr aus, brauchte Abstand und Ruhe. In den nicht einmal zwei vor der Abreise verbleibenden Tagen recherchierte ich nach Möglichkeiten, vor Ort betreut zu werden und neue Impulse zu bekommen. Alles was ich fand war ein „Meditationsabend, Mittwochabend im Gemeindehaus, Voranmeldung erwünscht". Ich rief die Veranstalterin an und erfuhr zu meiner Enttäuschung, dass der Abend leider ausfallen werde ... aber ich könne doch *so* zu ihr in die Praxis kommen, „und dann schauen wir mal was wir machen". Ich war dankbar für das Angebot, denn ich brauchte Hilfe. So kam ich auf Juist erstmals mit schamanischen Techniken in Berührung und lernte mein *Krafttier* kennen, die Giraffe.

Die Giraffe schenkt „uns die Verbindung zwischen Himmel und Erde. (...) Sie bringt den ruhigen, friedlichen Überblick und ernährt uns mit den Blättern vom Baum der Weisheit. Sie fordert uns auf, mit uns und unserer Umgebung gütig, ruhig und sanftmütig umzugehen, in Frieden den friedlichen Weg zu gehen, nach innen zu schauen, in unserer Mitte und in unserem Gleichgewicht zu bleiben." [46]

---

[46] Jeanne Ruland: KRAFTTIERE begleiten dein Leben, Darmstadt [19]2013, S. 381

Auf Juist erlebte ich intensiv wie nie zuvor die Begegnung mit dem Meer. Besonders der erste Blick auf das offene Meer und der Abschied davon berührten mich zutiefst. Diese Erfahrung war mir nicht neu, aber ich habe diese tiefe, liebevoll-heimatliche Verbindung zum Meer nie hinterfragt geschweige denn erklären können.

Eines Abends, einige Wochen nach meiner Rückkehr, erhielt ich eine E-Mail von meiner Frau aus ihrem Arbeitszimmer eine Etage über mir. Nur drei Worte, „Das ist sie!", und ein Link. Ich öffnete die Internetseite und sah das Bild von Melina, „schamanisch Praktizierende", keine 20 km von uns entfernt lebend. Beim Anblick ihres Bildes spürte auch ich gleich, „ja, das ist sie".

Mitte Februar 2014 begegnete ich Melina zum ersten Mal. Nachdem sie mir viel über schamanische Techniken und ihre Arbeitsweise erklärt hatte, erlebte ich meine erste schamanische Heilsitzung mit ihr. Noch nicht ahnend, dass ich selbst kaum zwei Jahre später von Melina ausgebildet in der Lage sein würde, solche Sitzungen durchzuführen.

Melina sah die ganze traurige Geschichte von Mara und mir wie einen Film:

Der Junge mit den Fischen

In einer vergangenen Zeit, in einer Stadt an einem See oder am Meer, mit einem schmuddeligen, kopfsteingepflasterten Marktplatz, lebt ein kleiner Junge, vielleicht 11 Jahre alt, allein mit seiner jungen Mutter. Die Mutter ist schwerkrank. Niemand weiß, was sie hat, und kann ihr helfen. Der Junge bringt ihr immer wieder Fisch. Er glaubt, die geliebte Mutter werde wieder gesund, wenn sie nur genug davon essen würde. Trotz all seiner Bemühungen stirbt sie. Den Jungen plagen tiefste Schuldgefühle. Er denkt, der Fisch sei verdorben gewesen, und die Mutter daran gestorben.

Es gelingt ihm nicht, den tiefen Schmerz zu verarbeiten. Sein Herz ist gebrochen, und aus Angst vor weiteren Verletzungen verbirgt es sich künftig schutzsuchend hinter dem Sonnengeflecht (Solarplexus). Der Schmerz sitzt so tief in seiner Seele, dass sich der Teil, der ihn trägt, abspaltet und an dem Ort bleibt. Die beiden Seelenteile bleiben verbunden, und wann immer er in künftigen Inkarnationen ans Meer kommt, empfindet er tiefste Freude.

Als Melina mir die Geschichte erzählte, erschienen gleich Bilder dazu vor meinem inneren Auge. Danach erklärte sie mir, „es" sei nun „aufgelöst". Ich konnte zunächst nicht verstehen, was sie meinte, hing noch in den Bildern ihrer Schilderung fest, tief berührt und hochachtungsvoll angesichts der Tatsache, dass mir völlig unabhängig voneinander drei Frauen absolut widerspruchsfrei die *gleiche* alte, traurige Geschichte erzählt hatten, und sie mit jedem Mal konkreter wurde. Nun kannte ich also die ganze[47] Wahrheit, die aufgrund der Wiederbegegnung mit der verwandten Seele in Mara so tiefen Schmerz in mir ausgelöst hatte.

Einige Wochen später fuhr ich mit meiner Familie an einem dunklen Abend zu der Bank am Fluss, wo ich der vertrauten Seele in Mara wiederbegegnet war. Ich ließ meine Frau, meinen Sohn und meine Tochter (damals 12 und 10 Jahre alt) im Stillen den Text lesen, verbrannte ihn und gab die Asche gemeinsam mit dem Stein, den ich vor der Sitzung mit Melina bepustet hatte, in den Fluss. Das war mein Ritual, die Auflösung dieser alten, schweren Energie zu feiern.

---

47 „ganz" bezieht sich hier lediglich auf die fragliche Inkarnation. Inzwischen weiß ich, dass es eine Reihe weiterer gemeinsamer Inkarnationen gibt, von denen mindestens eine weitere äußerst tiefe, schmerzhafte Spuren hinterlassen hat. Sie wird im Kapitel *Loslassen* andeutungsweise Erwähnung finden.

[Exkurs 3] Das Ego und ich

Dualseelen sind das Heiligste, Reinste und somit
auch vom Verstand her Unfassbarste, was existiert.
Solange unsere Gefühle von unserem Ego kontrolliert werden,
können wir diese Liebe niemals erfassen.

Sylvia Suckert (2006), S. 92

Erscheint Ihnen die Überschrift widersprüchlich? In der Tat wird das Ego häufig mit dem *Selbst* gleichgesetzt. Und genau hierin liegt ein großer Irrtum. Das Ego ist lediglich ein Programm, das in uns abläuft, ein Ergebnis jahrzehntelanger Konditionierung, eine irreführende Coproduktion unseres Verstandes mit dem Außen.

Der große indische Philosoph Osho schreibt:

Das Ego ist das genaue Gegenteil von deinem wahren Selbst. Das Ego, das bist nicht du. Das Ego ist eine Täuschung, die dir von der Gesellschaft gegeben wurde, damit du ein Spielzeug hast, das dich beschäftigt und dich nie nach der Wahrheit fragen lässt. [48]

Das Ego vermittelt uns eine Wahrnehmung unserer selbst, mit der wir uns zwar wie selbstverständlich *identifizieren*, die allerdings mit unserem wirklichen Kern, unserer Seele, nur sehr wenig zu tun hat. Im Gegenteil: Das Ego hindert uns daran, uns selbst zu erkennen, wir selbst zu sein, unsere ureigene Wahrheit zu leben. Wir definieren uns selbst nicht über das, was wir *sind*, sondern darüber, was wir über uns *denken*.

„Meistens ist es das Ego, das aus dir spricht, wenn du ‚ich' sagst (...). Es setzt sich aus Gedanken und Emotionen zusammen, aus einem Bündel von Erinnerungen, mit denen du dich als ‚ich und meine Geschichte' identifizierst, aus Rollen, die du gewohnheitsmäßig spielst,

---

[48] Osho: Das Buch vom EGO. Von der Illusion zur Wirklichkeit, Berlin 62012, S. 17

ohne es zu wissen, und aus *kollektiven Identifikationen* wie Nationalität, Religion, Rasse, Gesellschaftsschicht oder politische Parteien. Es besteht darüber hinaus aus *persönlichen Identifikationen*, nicht nur mit Besitztümern, sondern auch mit Meinungen, äußerer Erscheinung sowie lang gehegten Abneigungen und Vorstellungen von dir selbst als anderen über- oder unterlegen, als Erfolgsmensch oder Versager."[49]

Das Ego besteht in seinem Kern aus der *Identifikation mit Form* und aus *Trennung*. Es stiftet uns an, zu beurteilen und vergleichen, und vermittelt uns in der Konsequenz stets ein Gefühl des Mangels. Es macht uns glauben wir genügten nicht, leitet uns in die Irre, indem es uns im Außen, z. B. in Form materiellen Besitzes oder beruflicher Karriere, nach Anerkennung und Glück suchen lässt. Das Ego veranlasst uns, Realität in einer Weise zu interpretieren, die Leid erzeugt. Das Rennen, in das es uns schickt, ist nicht zu gewinnen.

Das Ego raubt uns unsere *Leichtigkeit*, indem es uns alles, was uns begegnet, kritisch hinterfragen und problematisieren lässt, in ewigen, sich ständig wiederholenden Gedankenschleifen und Emotionen, ohne auch nur einen Schritt voran zu kommen. Wir machen uns die Meinungen, Ansichten und Konditionierungen der Gesellschaft unbewusst zu eigen, und verlieren uns selbst durch die starke Orientierung im Außen mehr und mehr aus dem Blick. So entwickeln sich Selbstkonzepte und Muster, unsere *inneren Programme* zur Deutung unserer selbst und des Lebens, fernab von jeglicher Verbindung zu uns selbst. Über die Lebensjahrzehnte prägen und verfestigen sich *Glaubenssätze*, die unsere Wahrnehmung wie Filter trüben und manipulieren und auf diese Weise maßgeblichen Einfluss darauf haben, wie wir Ereignisse wahrnehmen und auf sie reagieren. Diese Glaubenssätze, nicht jedoch der ureigene Ruf unserer Seele, werden zu unserem inneren Kompass.

---

[49] Eckhart Tolle: Eine neue Erde. Bewusstseinssprung anstelle von Selbstzerstörung, München [3]2005, S. 76, eigene Hervorhebungen

Als Manifestation des Ego zeigen sich folgende von *Negativität* geprägten Verhaltensmuster: Sich beklagen und ärgern, Grimm und Groll, Missgunst und Neid, Rechthaberei sowie Unfrieden stiften. Ein Bestandteil vieler Ego-Muster ist zudem die Einnahme einer *Opferrolle*.[50] Man betrachtet sich nicht als Schöpfer seiner selbst und seines Lebens, sondern als hilfloses Opfer der Umstände, gibt die Eigenverantwortung auf, projiziert die Ursachen der eigenen Unzufriedenheit und des eigenen Unglücks ins Außen und begibt sich so in eine unheilvolle Abhängigkeit à la „Schuld sind immer die anderen".

Eine wesentliche Bedeutung hat dabei der sogenannte *Schmerzkörper*. Tolle versteht darunter ein Energiefeld, das durch das *Festhalten an alten negativen Gedanken und Emotionen* entsteht.[51] Tiere sind in der Lage, die sich aus Konfliktsituationen ergebenden negativen Energien schnell abzuschütteln. Enten schlagen nach einer Auseinandersetzung ein paarmal kräftig mit den Flügeln[52], und auch unser Kater schnurrt mir nur ein paar Minuten nach einer kleinen Rauferei wieder um die Beine. Wir Menschen sind anders, negative Erfahrungen nisten sich in unser System ein: „Die Schmerzreste, die jede starke negative Emotion zurücklässt, mit der man sich nicht auseinandergesetzt und die man nicht akzeptiert und dann fahren lassen hat, verbinden sich miteinander zu einem Energiefeld, das in den Körperzellen lebt."[53] Schache verwendet analog den Begriff *Zellgedächtnis*.[54]

Negative Gedanken und Emotionen nähren den Schmerzkörper, er provoziert um seiner Existenz und Macht willen in uns eine *Sucht nach emotionaler Negativität und Unglücklichsein*.[55] Phasen eines aktiven Schmerzkörpers sind entsprechend von Abgrenzung, Missgunst, Wut, Hass, Neid, Aggression und Lebensunlust geprägt.

---

[50] vgl. Tolle (2005), S. 77ff., S. 106 und S. 131
[51] vgl. Tolle (2005), S. 163
[52] vgl. Tolle (2005), S. 160
[53] vgl. Tolle (2005), S. 165
[54] vgl. Schache (2018), S. 92f.
[55] vgl. Tolle (2005), S. 168

Der Schmerzkörper korrespondiert mit den bereits angesprochenen *Schatten* unseres Wesens. C. G. Jung hat diese Schatten als das gesamte *Unbewusste* in uns definiert.[56] Gemeint sind damit alle zu uns gehörenden Eigenschaften, Gedanken und Gefühle, die wir *verdrängen*, nicht wahrhaben und l(i)eben, weil wir sie nicht wertschätzen, für gesellschaftlich unerwünscht halten oder gar verurteilen. Die Heilung liegt nicht etwa darin, die Schatten zu vernichten, denn sie gehören dem *Kosmischen Gesetz der Polarität*[57] gemäß ebenso zu uns wie auch all unsere gel(i)ebten Anteile. Es geht vielmehr um das urteilsfreie Wahrnehmen, Anerkennen und *Integrieren* der Schatten als Teil unserer selbst. Dabei wird ihre negative energetische Wirkung im Lichte des Bewusstseins aufgelöst.

Eckhart Tolle erinnert an die wörtliche Übersetzung des Wortes *Sünde*, nämlich „das Ziel der menschlichen Existenz verfehlen".[58] Aus seiner Sicht ist folglich Sünde mit *Unbewusstheit* gleichzusetzen. Sein Weg heraus aus der „Knechtschaft der Sünde"[59] ist folgerichtig der Weg in das *Bewusstsein*, der in der Befreiung vom „mentalen Lärm", also dem ewigen zwanghaften Denken, von der krampfhaften Beschäftigung mit Vergangenheit und Zukunft, vom Opferdasein, von der Identifikation mit materieller Befriedigung, von einem eigens erdachten Selbstbild, das von den Geschichten im Kopf erzeugt wird, liegt.[60] Er fordert das „frei werden von einem lächerlich eingeschränkten Selbstwertgefühl"[61], das vor allem durch äußere Einflüsse und die daraus resultierenden problematischen Gedanken über uns selbst und das Leben über Jahrzehnte hinweg in unserem Kopf geschaffen wird, mit unserem wahren *Sein* aber nichts zu tun hat.

---

[56] vgl. Dahlke (2010), S. 13
[57] vgl. www.wirkendekraft.at/Kosmische_Gesetze/, Aufruf 30.03.2019. Zu den Kosmischen Gesetzen vgl. weiterführend Kap. *Staub und Phantasie*.
[58] Eckhart Tolle: Torwege zum Jetzt. Die drei Techniken zu höherem Bewusstsein, Hörbuch, München 2010, vgl. dazu auch https://de.wikipedia.org/wiki/Sünde
[59] Tolle (2010) bezieht sich hiermit auf das Bibelzitat „Wer Sünde tut, der ist der Sünde Knecht." (Joh. 8, 34)
[60] vgl. Tolle (2010)
[61] Tolle (2010)

Dieses krankhaft verzerrte Selbstwertgefühl speist sich oftmals daraus, besser zu sein als andere oder, falls dies nicht gelingt, sich zum Opfer der Umstände zu machen und damit die Verantwortung für sich selbst aufzugeben. Es strebt nach Abgrenzung, Vergleich und Verurteilung. Das Ego stiftet also nichts als Unfrieden in uns und um uns herum. Es wird uns niemals glücklich, sondern einsam und krank machen.

Was motiviert uns, sich gegenüber einem anderen Menschen freundlich zu verhalten? Ist es die Liebe unseres Herzens oder das Streben des Ego nach Vorteil und Anerkennung, und somit taktierende Berechnung? Wir alle werden aus unserem Alltag Beispiele für beides kennen. Das Herz gibt und verbindet, das Ego nimmt, erwartet, buhlt, verlangt, vereinnahmt und trennt.

Diese für uns alle leicht nachzuempfindende Tatsache ist bereits Teil der Bewusstwerdung, die Eckart Tolle meint. Er stellt uns vor die Alternativen *Bewusstseinssprung oder Selbstzerstörung*.[62] Den Schlüssel zur Entmachtung des Ego nennt er *Präsenz*, Gegenwärtigkeit. Präsenz bedeutet *bei sich* zu sein, im Jetzt zu leben und die Situation urteilsfrei wahrzunehmen, die Verbindung mit sich selbst wieder zu knüpfen und zu stärken und sich von den starren Normen und Deutungsmustern des Ego zu befreien.[63] Es geht um das Denken ohne Denkzwang, um die Antwort auf die Frage „Wer bist du jenseits von Name und Form?"[64] Es ist der Weg aus Opferdasein und Fremdbestimmtheit in die Eigenverantwortung und Gestaltung, aus der Dunkelheit in die *Spiritualität*, einen neuen Bewusstseinszustand.

Der Auslöser für die Erleuchtung, den Weg vom Unbewusstsein in das Bewusstsein, vom Verstand ins Herz, kann ein sanfter Impuls oder eine gravierende, schmerzliche Erfahrung sein. Manche Menschen brauchen nur leise angesprochen werden um aufzuwachen, anderen genügt eine Armada lärmender Wecker nicht. Jeder

---

[62] so der Untertitel seines Werkes *Eine neue Erde* (2005)
[63] vgl. Tolle (2010)
[64] Tolle (2010)

bekommt was er braucht, das Universum sorgt für uns. Ich bekam, wie Sie wissen, den sprichwörtlichen Holzhammer. Und ich bin sehr dankbar dafür, obwohl das zunächst für mich eine lange Zeit des Leidens bedeutete. Doch ohne diese so einschneidende Erfahrung wäre ich wohl niemals in Gang gekommen.

Leid und Schmerz, egal ob seelisch oder körperlich, können Antrieb für Entwicklung und Veränderung sein. Sie sind ein deutliches Signal der Seele, die uns auffordert: Sorge für dich, nimm dein Leben in die Hand, gehe *deinen* Weg! Ignorierst du diese Botschaft und wählst weiterhin den Weg des Wegsehens und Verdrängens, werden Leid und Schmerz größer werden. Du hast die Wahl, dich zermürben und zu Boden zwingen zu lassen, oder anzunehmen und dich zu verändern.

Auch hierbei gilt es, das Ego samt seiner Glaubenssätze zu überwinden, „hat man doch mit viel Mühe und Aufwand endlich perfekt erscheinende Theorien fabriziert, die den Menschen von der Eigenverantwortung befreien und die Schuld auf die Gesellschaft, Krankheitserreger oder den bösen Zufall projizieren".[65]

Wenn der Mensch jedoch beginnt, sich selbst ehrlich gegenüber zu werden – und dies ist die schwerste Form der Ehrlichkeit –, muss er erkennen, dass er erst mit der Übernahme der vollen Verantwortung für alles, was ihm geschieht und was er erlebt, die Sinnhaftigkeit erkennen kann. Verantwortung und Sinnhaftigkeit lassen sich nicht voneinander lösen – beide bedingen sich gegenseitig. [66]

---

[65] Thorwald Dethlefsen: Schicksal als Chance. Das Urwissen zur Vollkommenheit des Menschen, München 1979, S. 206
[66] ebd.

Ego says, "Once everything falls into place, I'll feel peace."
Spirit says, "Find your peace, and then everything will fall into place."

Marianne Williamson

Zwischen Herz und Verstand

Die Geschichte des Jungen mit den Fischen habe ich damals auf dem gleichen Blatt wie folgt fortgeführt:

Hunderte von Jahren später treffen sich die Seelen der beiden wieder und erkennen sich. Wenn sie zusammen sind, sind sie voller Freude, und wenn sie getrennt sind voller Schmerz. Wenn sie sich in die Augen sehen fühlt es sich an wie im Himmel, so vertraut und nah. Alles ist friedlich und harmonisch, leicht und frei. Sie fühlen sich wie Geschwister und spüren, dass diese Begegnung kein Zufall ist, und dass es eine gemeinsame Aufgabe, einen gemeinsamen Weg gibt.

Doch es fällt ihnen schwer, ihre Verbindung im Jetzt und Hier zu leben. Was ihnen bleibt ist einzig die Gewissheit, dass alles so kommen wird, wie es kommen soll. Und dass man in Vertrauen zulassen und annehmen darf. Ganz egal, was sie jetzt und hier daraus machen. Sie werden sich wiedersehen.

Spüren Sie die im letzten Absatz bereits mitschwingende Resignation? In meinem Innersten habe ich damals offenbar längst gewusst, dass es in diesem Leben zumindest vorerst *keine* gemeinsame Zukunft mit Mara geben würde, aber es nicht wahrhaben wollen. Ich wollte sie nicht schon wieder verlieren!

Ich machte mich auf, mehr über das Leben der Seelen zu lernen. Sehr bald zeigte sich, dass mir Mara auf diesem Weg nicht folgen würde. Sicherlich verspürte sie keine so große Bedürftigkeit nach Hilfe und Unterstützung wie ich, hinzu kam aber auch ihre Angst, etwas zu erfahren, das ihr Weltbild und ihren aktuellen Lebensentwurf infrage stellen würde. Entsprechend verhalten und skeptisch, teils gar ablehnend reagierte sie auf das, was ich lernte. Mit der Folge, dass ich sie zunehmend weniger daran teilhaben ließ.

„Es ist nicht leicht, eine Zwillingsseelenschaft zu bejahen, wenn sie die sozialen oder moralischen Normen außer Kraft setzt." [67]

In der Tiefe ihres Herzens spürte jedoch auch Mara, dass unsere Geschichte und alles damit Verbundene nichts als die Wahrheit war. Bei einem unserer Spaziergänge am Fluss sagte sie: „Es fühlt sich richtig an." Überzeugender kann man es nicht ausdrücken.

In ihrem Alltag befand sie sich hingegen in einem ewigen zermürbenden Kampf zwischen dem Ruf ihres Herzens und ihren Ängsten. Sie hatte nicht den Mut und das Vertrauen, diese neue Erfahrung anzunehmen und in ihr Leben und Denken zu integrieren, *ja* zu uns zu sagen. Zu viele Einflüsse wirkten von außen auf sie ein, sei es ihr Ehemann, der sie zum Sprachrohr seiner Ablehnung, Ängste und Zweifel machte, oder ihr Glaube, der ihre Freiheit zu leben, denken und fühlen radikal einschränkte und zudem fundamentale Ängste schürte, anstatt ihr Mut und Vertrauen zu vermitteln.

Ich verstand ihre Situation und stellte ihr bereits frühzeitig die Frage, ob sie sich dem gewachsen fühle, oder ob wir nicht doch besser den Kontakt abbrechen sollten. Aber was hätte sie daraufhin schon sagen sollen? Sie genoss die gemeinsame Zeit so wie ich, blühte auf, gewann spürbar an Lebensfreude und Selbstwertgefühl. Und auch in *ihrem* Herzen brannte diese unbändige Sehnsucht, von

---

[67] Hasselmann/Schmolke (2001), S. 111

der sie sich durch Alltag und Umstände zwar oft ablenken ließ, die sich in ihren wenigen stillen Stunden aber immer wieder Gehör verschaffte und *sein* durfte.

Wir beide empfanden eine Liebe füreinander, wie wir sie in diesem Leben noch nicht verspürt hatten. Wir haben sie in den viereinhalb aktiven Jahren kaum ansatzweise gelebt. Dabei waren wir uns schon bei unserem zweiten Treffen einig: „Die Schwingungen passen zwischen uns!" Zu dem sehr frühen Zeitpunkt eine mutige Weise sich zu verstehen zu geben „Ich liebe dich." Auch die *Chemie* stimmte, wir konnten uns wirklich gut riechen.[68] Und wir fühlten uns auf wundervolle Weise *verrückt* – ein Wort, das eine ganz andere Konnotation bekommt, wenn man es in seiner wörtlichen, urteilsfreien Bedeutung versteht: Die Begegnung hatte uns aus der Normalität, von den Standards der Mittellinie der Straße des Lebens *befreit*, unsere Wahrnehmung und unser Empfinden *verändert*, unseren emotionalen und geistigen Horizont *erweitert*.

Sehr früh hatte Mara mir jedoch auch schon gesagt:

„Du bist ein Geschenk, das ich nicht auspacken darf."

Ein Satz, der mich zutiefst berührt und geradezu erschüttert hat, denn er verdeutlicht die ganze Tragik unserer Begegnung, indem er diese beiden großen, fundamentalen Wahrheiten offenbart: Die tiefe Dankbarkeit und Liebe – samt der Unmöglichkeit, sie jetzt und hier zu leben.

---

[68] Zur Bedeutung des Geruches in der Natur vgl. Kap. „Die Wahrheit in der Natur" in Corinne Dettmer: Die 12 Gebote des Herzens. Der Weg zurück ins Menschsein, 2020, S. 167ff. Über den aktuellen Stand der Forschung zum Thema Düfte berichtet der Deutschlandfunk in der Reportage „Duft – Ermittlung im Unbewussten", online unter https://t1p.de/35bxr, Aufruf 30.05.2020. Spezifischer auf das Thema Partnerwahl bezieht sich der Artikel „Der Duft der Gene" von Christina Beck, zu finden unter https://t1p.de/ua15y (Seite der Max-Planck-Gesellschaft zur Förderung der Wissenschaften), Aufruf: 30.05.2020.

Die blaue Blume

Die blaue Blume ist ein zentrales Symbol der Romantik. Sie steht für Sehnsucht und Liebe und für das metaphysische Streben nach dem Unendlichen. (...)

In der blauen Blume [verbinden sich] nicht nur Natur, Mensch und Geist, sie symbolisiert das Streben nach der Erkenntnis der Natur und – daraus folgend – des Selbst, dem eigentlichen Ziel der Romantik. [69]

Das Symbol der blauen Blume vereint alles, was unsere Verbindung ausmacht. Ich bin erst viel später dank Susanna darauf gestoßen. Auch sie ist ihrer Dualseele begegnet und erzählte mir folgenden Traum:

Nach dem Tod ihres Mannes kam jemand zu ihr und berichtete, er habe ihren Mann gesehen, und beschrieb ihr einen Ort, wo sie ihn finden könne. Sie fuhr direkt dorthin, traf aber nicht wie erhofft auf ihren Mann, sondern auf eine Gruppe bärtiger, weiser alter Männer. Einer von ihnen sagte zu ihr: „Du darfst nicht mehr zu ihm, denn du hast die blaue Blume gesehen." [70]

Die Liebe zwischen Dualseelen stellt alles Erlebte und Gefühlte in den Schatten, nichts wird jemals wieder so sein wie zuvor. Diese Erfahrung machen zu dürfen ist ein Geschenk des Himmels, gleichzeitig aber auch ein Auftrag: Wach auf, nimm dein Leben in die Hand, lebe deine Bestimmung, mach etwas aus dem, was du erfahren durftest.

---

[69] https://de.wikipedia.org/wiki/Blaue_Blume, Aufruf 20.11.2018
[70] Veröffentlichung mit dem freundlichen Einverständnis von Susanna.

Die Liebe hört niemals auf.

1. Kor. 13, 8

Achterbahn

Mara und ich lernten, die viel zu knappe gemeinsame Zeit besser zu nutzen, indem wir immer weniger davon darauf verschwendeten, mit den schwierigen Umständen unserer Liebe zu hadern. Wir begannen, die Worte WIR und UNS groß zu schreiben.

Es fällt schwer, so tiefe Gefühle auszudrücken, vor allem wenn kein direkter Kontakt von Auge zu Auge möglich ist. Man findet gemeinsame Symbole und Metaphern, Umschreibungen und Vergleiche und versucht so, die Sprachlosigkeit zu kompensieren. Nach und nach entwickelten wir Wege, uns auf digitalem Weg vertraulich auszutauschen. So waren wir schließlich nahezu täglich in Kontakt und schafften es, mit der brennenden Sehnsucht etwas besser zu leben. Dieser Fortschritt hatte einen bedenklichen Nebeneffekt: Ich befand mich permanent im Stand-by, hatte das Smartphone ständig auf Empfang und griffbereit, sehnsüchtig auf eine Nachricht von ihr wartend. Egal wo und mit wem ich gerade unterwegs war, sogar während der Arbeit. Ich gab sehr viel Zeit in das Schreiben und vernachlässigte so gut wie alles andere im Leben. Kaum etwas band über lange Zeit hinweg so viel meiner Aufmerksamkeit und folglich Energie wie Mara und der Kontakt mit ihr.

Um Vertrauen zu schaffen unternahmen wir anfangs auch manchmal etwas gemeinsam mit unseren Ehepartnern und Kindern. So schön dies teilweise war, denn auch hier gab es viele erstaunliche Gemeinsamkeiten und Parallelen, störte es dennoch unsere Verbindung meist so sehr, dass wir einander fremd erschienen. Die Begegnungen verliefen folglich anstrengend und ernüchternd, ja geradezu schmerzhaft unbefriedigend angesichts der Sehnsucht der Seelen nacheinander, die nach einem geschützten, intimen Raum verlangte.

Uns wurde klar, dieses „nah und fern" würde uns nicht helfen. Zumal es auch das nächste Treffen eher nach hinten verschieben würde, von wegen „ihr *habt* euch doch gerade erst gesehen ...".

nah und fern

so nah und
doch so fern
du sitzt neben mir
und ich vermisse dich trotzdem
versuche dich zu spüren
aber taste im dunkeln
vergebliche augenblicke

es ist schön bei euch zu sein
und tut nachher trotzdem weh
ist eben nicht das gleiche
zwei im schutzanzug
in angespannter leichtigkeit
so vieles ungesagt
unberührt
wehmut
sehnsucht
leere

am nächsten morgen
lange nicht gesehen
geht es dir auch so?
ich ahne es – aber wünsche es dir nicht

1.5.13lth

Nach etwa zwei Jahren gelang es uns, alle zwei Wochen ein Treffen unter vier Augen zu etablieren. Das entlastete uns einigermaßen von dem immer wieder anstrengenden terminlichen Taktieren und Rechtfertigen des Wunsches, uns zu sehen. Allerdings durchlebten wir im Anschluss an die Treffen in ebenso regelmäßigem Abstand ein wiederkehrendes Muster: Die Zeit zusammen war „wie im Himmel", und wie berauscht schwangen wir auch noch nach dem Abschied in diesem Hochgefühl. Spätestens zwei Tage später schlugen die Energien jedoch in das Gegenteil um: Mit einem Mal fühlte sich das Leben schwer, zäh, dunkel und traurig an.

Ich erklärte mir das zunächst so, dass ab einem bestimmten Zeitpunkt Sehnsucht und Traurigkeit wieder Oberhand über das mit der Zeit nachlassende Hochgefühl der erlebten Begegnung gewannen. Aber die Schwere, die ich spürte, fühlte sich anders als die Sehnsucht an, in der ja auch immer die Hochachtung ihrer selbst mitgeschwungen hatte.

Was tatsächlich geschah wurde mir erst langsam anhand des Schreibens mit Mara klar: Früher oder später herrschten, meist ausgelöst durch die Reaktionen ihres Partners oder die Belastungen des Arbeitsalltags, ihre alten, von Ängsten und Zweifeln geprägten Muster wieder, und zerstörten das gute Gefühl radikal, ja polten es sogar in Form von Schuldgefühlen und „schlechtem Gewissen" ins Negative um. *Das* waren also die dunklen Energien, die ich spürte. Ich fand ein Wort, das mein Gefühl nach solchen emotionalen Wendepunkten beschrieb: Ich fühlte mich *weggeschubst*. Verbannt, ausgeblendet, verleugnet, verneint, verraten.

Wer, wenn nicht *sie selbst*, hätte Mara verbieten können, das Geschenk des Lebens auszupacken und zu genießen?! Ihre innere Zerrissenheit wurde offenbar. Sie konnte UNS leben und nicht leben, annehmen und ablehnen, genießen und abwehren, bejahen und verdrängen, bewundern und verdammen, sich uns erlauben und verbieten, mich zum Lieblingsmenschen erklären und zum Heiratsschwindler, zum guten Engel oder Teufel, je nachdem, wie sehr sie gerade bei sich sein konnte. Ihre Worte konnten Geschenke sein – oder aber Giftpfeile. Mara erkannte das Ausmaß ihrer Gefangenheit und Fremdbestimmtheit, aber brachte nicht den Mut und die Kraft auf, sich daraus zu befreien. Es war spürbar, wie sehr sie innerlich litt und mit sich kämpfte, aber ihr dominantes Ego verbot ihr, sich dem Fluss der Veränderung hinzugeben.

Emotionale Verletzungen entstanden folglich zunehmend auch im Kontext des Schreibens: Kleine liebevolle Botschaften oder auch lange Briefe, in die ich viel Zeit, Mut und Herzblut gelegt hatte, trafen nicht immer auf ihr offenes Herz. Sie blieben unbeantwortet, sie ging nicht darauf ein oder ließ sich an nur einem Teilaspekt aus, der ihr kritisch erschien – als habe sie zwanghaft das Haar in der Suppe gesucht. Manchmal erfuhr ich nicht einmal, ob sie einen Brief überhaupt gelesen oder eine von mir zusammengestellte CD angehört hatte. Missverständnis kürzten wir alsbald mit MV ab, so häufig tauchte das Wort in unserer Korrespondenz auf. Und ausnahmslos handelte es sich um solche „MVs", die die eigentliche positive, liebevolle Botschaft ins Negative umkehrten, ihre gute Energie zerstörten. Mit der Zeit wurde mir aber auch immer deutlicher, wie sehr mich das Schreiben in meinem Prozess der Selbstreflexion und Bewusstwerdung voranbrachte, sodass ich mich unabhängiger von ihren unberechenbaren Reaktionen machen konnte.

Wir drehten uns im Kreis und fuhren Achterbahn, durchschauten zwar die Muster, mit denen wir wechselseitig aufeinander reagierten, aber konnten sie nicht überwinden. Während ich Mara voller Enttäuschung die Zerstörung der guten Energien zum Vorwurf machte, fühlte sie sich verständlicherweise mehr und mehr unter Erwartungsdruck gesetzt und durch diese intensive Art der Kommunikation überfordert. Oftmals waren wir kurz davor, das Schreiben aufzugeben – aber wie hätten wir dann die viel zu lange Zeit zwischen den Treffen überstehen sollen?

Einmal herrschte ich sie, zugegebenermaßen vollkommen Ego-gesteuert, im Affekt an, „du bekommst alles kaputt". Sie widersprach nicht, gleichzeitig war mir insgeheim bewusst, dass ich die wahren Ursachen meiner Wut und Enttäuschung einzig und allein in mir selbst zu suchen hatte. Mara war lediglich ihr Trigger, oder, wie Robert Betz so schön formuliert, der „Arsch-Engel".[71]

So sehr uns diese Erfahrungen gegenseitig verletzten, wir wussten stets: „Das sind nicht *WIR*". Wir hatten uns zu Opfern der Umstände gemacht. Unsere hyperaktiven Egos und Schmerzkörper mit all ihren Mustern und Glaubenssätzen führten das Ruder, aber nicht mehr unsere Herzen. Das kann man als Dauerzustand akzeptieren, wenn man an der Opferrolle Gefallen findet. Nicht aber, wenn man an die Größe der Verbindung und ihr Potenzial glaubt, sie geradezu für *heilig* hält. Ich war bereit, für diese Liebe Opfer zu bringen, aber nicht mich selbst zu opfern. Ich war überzeugt, wir hatten eine Chance und einen Auftrag von großer, allgemeiner Bedeutung. Ich war bereit für Veränderung und dazu, mein Leben in die Hand zu nehmen.

Auch meine Familie spürte, was in mir vorging. Nur selten gelang es mir, das ständige emotionale Auf und Ab zu verbergen. Meine Tochter formulierte einmal: „Ihr seid gar nicht null negativ!". Besonders meiner lieben Frau bin ich sehr dankbar und voller Hochachtung für ihre Toleranz und Unterstützung in dieser mehrere Jahre andauernden Phase. Es war nicht immer leicht für uns, und ich hätte oftmals Verständnis gehabt, wenn sie mich vor die Tür gesetzt hätte. Aber auch sie nahm diese Herausforderung an, ohne zu wissen, wohin das alles führen würde – einschließlich der Möglichkeit, mich an Mara zu verlieren. Eines Tages öffnete sie mir sogar eine Tür: „Wenn du lieber mit *ihr* zusammen leben willst ...?" Rückblickend muss ich mich ehrlicherweise fragen, wäre ich wirklich bereit gewesen, alles aufzugeben und mit Mara neu zu beginnen? Wer überzeugt ist, dass der andere sich diesen Schritt niemals erlauben würde, hat leicht reden.

---

[71] vgl. Robert Betz: Mensch, ärgere dich nicht! Die spirituelle Rolle der „Arsch-Engel" in unserem Leben, erschienen in Welt der Esoterik 3/2011, online unter https://robert-betz.com/mediathek/robert-betz-in-den-medien/artikel-von-robert-betz/mensch-aergere-dich-nicht/, Aufruf 26.05.2019

Achterbahn

emotionales chaos

ewiges kreisen
hin und hergerissen
zwischen
glück und trauer
mut und verzweiflung
zufriedenheit und leere
lachen und weinen
nähe und fremdheit
gelassenheit und anspannung
neugier und ernüchterung
zuversicht und angst

wir spiegeln uns
kaum kontrollierbar
der kleinste impuls
bringt einander ins wanken

verstand grätscht von hinten
trübt unsere klaren blicke
auf unser wissen
unseren glauben
unsere bedürfnisse

angst alles opfern zu müssen
niemals vergessen
höchstens verdrängen
undenkbar

angenehm überwältigt
und gleichzeitig
so schmerzhaft brutal
im alltag gefangen
keine chance zu entfliehen?

doch!
sich stellen
offen daran arbeiten
den gefühlen raum geben
sich ihnen gewachsen fühlen
ohne schlechtes gewissen
falsche rücksicht
angst

annehmen und zulassen
sich gegenseitig mitnehmen
die mitte finden
zur ruhe gelangen

einfach nur
im leben ankommen

11.3.13lth

[Exkurs 4] Staub und Phantasie

Sie fragen sich nach der Lektüre des Kapitels über die Weisheit des Herzens vielleicht, wie das Herz Zugriff auf so viel mehr Informationen haben kann als unser Verstand? Zum einen hat es damit zu tun, dass das Herz aufgrund seiner neuronalen Strukturen in kürzerer Zeit wesentlich höhere Verarbeitungskapazitäten nutzen kann als das Gehirn.[72] Sein wesentlicher Vorteil ist aber, dass es auf Informationen zurückgreifen kann, die sich dem Verstand durch die ihm zur Verfügung stehenden Sinnesorgane nicht (oder wenn dann nur unbewusst vermittelt durch das Herz) erschließen.

„Wir sind aus Staub und Fantasie"[73] singt Andreas Bourani; eine schöne Metapher, in der wesentlich mehr Wahrheit verborgen ist als man zunächst annehmen mag. Denn woraus besteht der menschliche Körper und jegliche Materie? Ausgerechnet die *Quantenphysik*, eine nicht gerade spirituell anmutende Disziplin, liefert hier sehr erhellende Erkenntnisse zum Verständnis unseres Seins. Sie lehrt:

**Alles ist mit allem verbunden, und
in jedem einzelnen Teil steckt das Ganze.**

Anfang des vergangenen Jahrhunderts entdeckte die Physik das Atom (aus dem altgriechischen ἄτομος, unteilbar) als kleinsten Baustein aller festen, flüssigen und gasförmigen Stoffe. In der traditionellen Physik herrschte dem Atommodell von Niels Bohr gemäß die Vorstellung, ein Atom bestünde aus einem festen, positiv geladenen Kern (bestehend aus Protonen und Neutronen) und einer Hülle aus negativ geladenen Elektronen, welche um diesen Kern ohne Energieverlust auf verschiedenen festen Umlaufbahnen (Orbits) kreisen

---

[72] „Würde unser Herz sich auf die Geschwindigkeit unseres Verstandes reduzieren und ihm alles detailliert erzählen, was es in einer einzigen Sekunde wahrnimmt, so müsste der Verstand dafür über 50 Stunden zuhören." (Schache (2018), S. 42)

[73] Zitat aus *Alles nur in meinem Kopf*, Text: Andreas Bourani, Julius Hartog und Tom Olbrich, erschienen auf Bouranis Debutalbum *Staub und Fantasie*, Universal 2011

wie die Planeten um die Sonne. Erst die Entdeckung der *Äquivalenz von Materie und Energie* führte zur Ablösung des materialistischen Weltbildes der klassischen Physik.[74] Die Quantenphysik verfeinerte das Atommodell ab Mitte der 1920er Jahre durch die Erkenntnis, dass sich die um den Kern kreisenden Elektronen nicht etwa auf festen Bahnen, sondern auf *Orbitalen* bewegen, die in Form *stehender Wellen* mit spezifischen Frequenzen strukturiert sind. Fortan beschrieb man die momentane Position eines Elektrons nicht durch eine statische Ortslinie, sondern mithilfe der Wahrscheinlichkeit des Aufenthalts an einem bestimmten Ort.[75]

Betrachtet man ein Atom in seinem Aufbau, so besteht es zu $99,\overline{9}$ % aus *Nichts* – zumindest aus nichts, was man messen, wiegen oder anderweitig nachweisen könnte. Allein der Kern und die Elektronen sind in Form ihres Gewichtes erfassbar, wobei wiederum die aus den Elektronen bestehende Hülle weniger als 0,06 % des Gesamtgewichts des Atoms ausmacht.[76] Auch die Größenverhältnisse sind erstaunlich: Hätte ein Atom die Ausmaße eines Fußballfeldes, so wäre sein Kern lediglich so groß wie der Spielball.[77]

Was für das Atom gilt, ist natürlich auf Materie (als Summe von Atomen) an sich übertragbar, auch sie besteht folglich zum allergrößten Teil aus „Nichts". Wie kann ein solches „Nichts" so *stabil* sein, dass daraus Gegenstände wie Gebäude, Brücken, Maschinen und Berge entstehen können, die größten Kräften standhalten?

Die Antwort lautet: *Energie.* Atome sind bedingt durch die in Form stehender Wellen schwingenden Elektronen hochgradig energie-

---

[74] vgl. Zhang (2010), S. 40
[75] vgl. https://de.wikipedia.org/wiki/Atom, Aufruf 17.12.2018, und Zhang (2010), S. 37f., zum Thema *stehende Wellen* und Interferenz ebd., S. 111ff. Zur Einführung in die Quantenphysik empfehle ich den ebenso unterhaltsamen wie lehrreichen Vortrag *Gehirn-gerechte Einführung in die Quantenphysik. Durch die moderne Physik neue Aspekte unserer Welt entdecken* von Vera F. Birkenbihl unter https://youtu.be/PCRAQIMM7ik (letzter Aufruf 08.05.2019).
[76] vgl. https://de.wikipedia.org/wiki/Atom, Aufruf 17.12.2018
[77] vgl. Zhang (2010), S 40

geladene und somit stabile Teilchen. Einen Eindruck dieses Energie-reichtums kann man am Beispiel des radioaktiven Uran gewinnen: Nur ein Gramm davon kann durch Kernspaltung eine Energie von 20.000 kWh freisetzen[78], so viel Strom, wie etwa sechs Familien in einem Jahr verbrauchen.

Die Schwingungen der Elektronen setzen sich in Form elektromagnetischer Wellen nach außen fort. Somit ist jedes einzelne Atom nicht nur Speicher, sondern gleichzeitig Sender von Informationen. Jede Schwingung kann durch eine bestimmte Frequenz (Wellenlänge) und Amplitude (Stärke) charakterisiert werden. Sie enthält eine Vielfalt an *Informationen*, die von geeigneten Empfängern entschlüsselt werden können.

Die Komplexität und Dichte solcher Informationen lässt sich leicht anhand uns heutzutage völlig selbstverständlicher Alltagsanwendungen wie Fernsehen, Mobiltelefonie und W-Lan veranschaulichen: Unbemerkt von unseren Sinnesorganen sind wir in jedem Moment von künstlich erzeugten elektromagnetischen Signalen umgeben, die von Fernsehreceivern, Radios und Mobiltelefonen in Form von gleichzeitig weit über 100 Fernsehprogrammen mit vertonten hochauflösenden 50 Bildern pro Sekunde, Millionen Telefonaten und gigantischen sonstigen Datenmengen entschlüsselt werden können.

Auch unsere Herzen sind, wie bereits im Exkurs *Die Weisheit des Herzens* dargelegt, hochsensible und -aktive Sender und Empfänger elektromagnetischer Wellen. Jedes Herz erzeugt ein komplexes schöpferisches Feld der Anziehung und Abstoßung mit einer Spannung von 5 Volt, das noch in über 30 m Entfernung physikalisch nachweisbar ist.[79]

---

[78] vgl. https://physikunterricht-online.de/jahrgang-12/kernspaltung/, Aufruf 01.12.2018
[79] vgl. Schache (2018), S. 64

Die *Gesamtheit* aller im Feld der Herzen und somit der Seelen enthaltenen Informationen dürfen wir als eine Art *kollektives Bewusstsein* der Menschheit verstehen, wie eine *Festplatte*, auf der alles Erlebte, Gesagte, Gedachte und Gefühlte unabhängig von Ort und Zeit gespeichert ist.

Je nach kulturellem Hintergrund finden Sie unterschiedliche Bezeichnungen für diesen einen großen Speicher, zum Beispiel *Geistige Welt, Morphisches Feld, Matrix, Anderswelt* oder *Universum* (im wörtlichen Sinne als „das Allumfassende" gemeint).

Meiner Überzeugung nach ist dieses kollektive Bewusstsein unabhängig von der jeweiligen Namensgebung das Medium, auf das alle energetischen Heilerinnen und Heiler mit unterschiedlichen Methoden zurückgreifen. Schamanische Reisen, Mediale Arbeit, Hypnose, Meditation, MFL[80] und Träume sind allein die Wege, die ich bereits selbst erfahren durfte. Hinzu kommen viele weitere, insbesondere auch namenlose, sehr individuelle Techniken, die begnadete Menschen wie beispielsweise Frank und Susanna, von denen ich später noch erzählen werde, aus sich selbst heraus entdeckt und entwickelt haben.

Hierbei lassen sich grob passive von aktiven Wegen unterschieden. Als passiv bezeichne ich Methoden, bei denen der Klient von einer anderen Person „gelesen" wird, unabhängig davon, ob er vor Ort ist oder im Rahmen einer Fernsitzung behandelt wird. *Aktive* Wege können hingegen allein oder geführt eigenständig gegangen werden. Dazu zähle ich vor allem Meditation und Hypnose, aber auch die Botschaften transportierenden Träume. Ermöglicht wird der Zugang hierbei oftmals durch ein Drosseln der Gehirnfrequenz. In Schlafphasen, tiefer Meditation oder Trance schwingen die Gehirnwellen im *Theta-Frequenzbereich* (4 bis 7 Hz[81]), der einen veränderten

---

80 Abk. für Morphisches Feld Lesen, vgl. Kurt Zyprian Hörmann: Fühlen ist klüger als Denken! Mit Intuition die richtigen Entscheidungen treffen, Bielefeld ⁵2014
81 Hz = Abk. für Hertz, die nach ihrem Erfinder benannte physikalische Maßeinheit der Frequenz. 4 bis 7 Hz bedeuten 4 bis 7 Wiederholungen pro Sekunde.

Bewusstseinszustand erzeugt, in dem sich ein Zugang zum kollektiven Speicher auftut. Diese Erkenntnis nutzen beispielsweise Schamanen, indem sie monoton mit einer entsprechenden Frequenz trommeln oder rasseln und sich und ihren Klienten dadurch in eine Trance versetzen, in der sich ein Tor zur *Anderswelt* öffnet.[82]

In unserer modernen, rational-wissenschaftsorientierten Zeit haben wir Einwohner der westlich geprägten Welt weitgehend dem Verstand das Regime überlassen und somit die Wege in das Feld des kollektiven Bewusstseins vergessen und verlernt. In früheren Kulturen waren sie selbstverständlich und neben wenigen Geschenken der Natur das einzige Heilmittel.[83] Da gab es noch keine Kopfschmerztabletten oder Tranquilizer, keine Psychoanalyse und lösungsfokussierte Beratung. Vielleicht brauchten die Menschen sie auch nicht, da sie viel mehr im Einklang mit ihren Herzen und der Natur lebten. Erst in jüngerer Zeit öffnen wir uns wieder den alten, heilsamen Erkenntnissen und Traditionen, und sogar die Wissenschaft hilft dabei, dank einiger mutiger Vorreiter, die in ihren Herzen gespürt haben, dass es viel mehr gibt, als die sogenannte Schulmedizin anzubieten hat.

Warum eigentlich *heilsam*? Zunächst helfen uns die Informationen aus dem Feld, unsere Empfindungen und Reaktionsmuster besser zu verstehen und einzuordnen. Nehmen wir als Beispiel die quälende Frage „Was ist das nur mit uns?". Die Antwort darauf war Erlösung und Wegweiser zugleich, öffnete neue Tore der Erkenntnis und Heilung. Darüber hinaus ist dieser Speicher naturgemäß nicht mit einer CD oder DVD zu vergleichen, die nach dem Brennen fixiert wird, sondern vielmehr mit einer Festplatte, deren Inhalt weiterhin ständig

---

[82] vgl. Michael Harner: Der Weg des Schamanen. Das praktische Grundlagenwerk zum Schamanismus, München 2013, S. 12
[83] Auch in Europa gab es beispielsweise eine bis ins Mittelalter andauernde schamanische Tradition – bis sie von der Inquisition als „Hexenmedizin" verteufelt und fast vernichtet wurde. Vgl. dazu Claudia Müller-Ebeling, Christian Rätsch und Wolf D. Storl: Hexenmedizin. Die Wiederentdeckung einer verbotenen Heilkunst - schamanische Traditionen in Europa, Aarau [5]2005, S. 6

verändert werden kann.[84] Wir selbst ergänzen, gestalten und verändern den universellen Speicher durch unser Fühlen, Denken und Handeln in jedem einzelnen Moment. Somit haben wir auch die Möglichkeit, Informationen gezielt zu aktualisieren, zusammenzuführen oder *aufzulösen*. Wie etwa das jahrhundertealte Schuldgefühl des Jungen mit den Fischen.

Das offene Herz ist der Türöffner zu diesen Wegen der Erkenntnis und Heilung. Meine eigene Geschichte ist ein gutes Beispiel dafür: Lange Zeit meines Lebens war ich eher herzensblind, habe mich in der trügerischen Sicherheit der Rationalität gewogen – bis zu dem Tag, an dem mein Herz aus der Dominanz des Verstandes und Egos befreit wurde, ausgelöst durch einen einzigen Augenblick.

Auch wir Menschen bestehen aus nichts anderem als Materie, also einem Konglomerat von Atomen. Tatsächlich also aus *Staub und Phantasie*, wie Bourani es so schön und treffend besingt. Insofern ist natürlich auch jeder Mensch ein Speicher, Sender und Empfänger von Informationen.

चक्र

Die asiatische Heiltradition beschreibt seit über 4000 Jahren die sieben *Chakren* als die Energiezentren und Verbindungen unseres physischen Körpers mit der feinstofflichen Welt der Schwingungen.

Der Begriff Chakra stammt aus dem Sanskrit und bedeutet *Rad des Lichtes*.[85] Die Bezeichnung beruht auf der Vorstellung, dass Energie durch die Chakren wie durch einen Strudel in den Körper eindringen kann. Sie speisen die *Aura*, den Energiekörper des Menschen. In

---

[84] In der Fachsprache der Informatik kommt dieser Unterschied in den Begriffen „Read-Only Memory" (ROM), auch Festwertspeicher genannt, und „Random-Access Memory" (RAM) zum Ausdruck.
[85] https://de.wikipedia.org/wiki/Chakra, Aufruf 17.01.2019

energetischen Heilsitzungen wird der Zustand eines Chakras häufig durch Pendel, Tensoren, Visualisierung oder auch durch Hineinspüren mit der Hand überprüft. Die Reinigung und Aktivierung von Chakren erfolgt, in Übereinstimmung mit der bildlichen Vorstellung des Strudels, in Form kreisender Bewegungen.

Mein erster persönlicher Zugang zum Wissen über die Chakren geschah erfahrungsbasiert. Sie erinnern sich an den Schmerz des Jungen mit den Fischen? Sein Herz verbarg sich schutzsuchend hinter dem Solarplexus. Nach der Begegnung mit Mara verspürte ich lange Zeit in genau jenem Bereich, dessen Namen ich damals nicht einmal kannte, einen permanenten Druck, der situativ zu einem ziehenden Schmerz ausarten konnte. Da ich wusste, dieser Schmerz ist ein Ausdruck meiner Seele, sah ich keine Notwendigkeit einer medizinischen Klärung.

Als ich mich Jahre später mit Melina über unsere erste Begegnung im Februar 2014 unterhielt berichtete sie mir, gleich bei meiner Ankunft habe sie eine massive Einbuchtung in meiner Aura auf Höhe des Herzens wahrgenommen. In dieser Zeit stellte ich zudem oftmals fest, dass ich auf dem Rücken in meinem Bett liegend die Hände unbewusst in einer bestimmten Haltung wie zum Schutz (aber auch sie verbindend) auf genau diesen beiden Chakren, Solarplexus und Herz, ablegte. Und an Tagen, an denen der Kontakt mit Mara besonders schwierig verlief, verspürte ich den sprichwörtlichen Kloß im Hals.

In der schamanischen Ausbildung lernte ich über die Chakren und wusste fortan ihre Signale gezielt wahrzunehmen, zu deuten und zu behandeln, sowohl bei mir selbst als auch bei Klienten.

Die folgende Abbildung bietet einen Überblick über die sieben Hauptchakren samt der zugehörigen Qualitäten.

Kronenchakra	Spiritualität
Drittes Auge	Wahrnehmung
Kehlchakra	Kommunikation
Herzchakra	Liebe, Heilung
Solarplexus	Weisheit, Macht
Sakralchakra	Sexualität, Kreativität
Wurzelchakra	Urvertrauen

Die sieben Hauptchakren sind durch feinstoffliche Energieleitbahnen miteinander verbunden. In der traditionellen chinesischen Medizin (TCM) werden diese als *Meridiane* bezeichnet, in denen die Lebensenergie, das *Qi* (sprich: Chi) fließt.[86] Analog werden sie im Yoga und Tantra als *Nadi* beschrieben, die uns mit *Prana* versorgen.[87]

Ganze Bücher beschäftigen sich differenziert mit den Eigenschaften der Chakren und ihren Wirkungszusammenhängen, mit Heilarbeit, Akkupressurpunkten, Farbzuordnungen, Ernährung, Yogapositionen etc.[88]

Einen nicht akademischen Zugang auf - wenn sie mögen -meditativer Ebene bietet die folgende Darstellung.

---

[86] vgl. https://de.wikipedia.org/wiki/Meridian_(TCM), Aufruf 12.12.2018
[87] vgl. https://de.wikipedia.org/wiki/Nadi_(Yoga), Aufruf 12.12.2018
[88] vgl. allgemein z. B. www.chakren.net, aus der Perspektive der Dualseelenbegegnung Suckert (2016), S. 250-297, und aus schamanischer Sicht Alberto Villoldo: Das geheime Wissen der Schamanen. Wie wir uns selbst und andere mit Energiemedizin heilen können, München [13]2001, Kap. 4

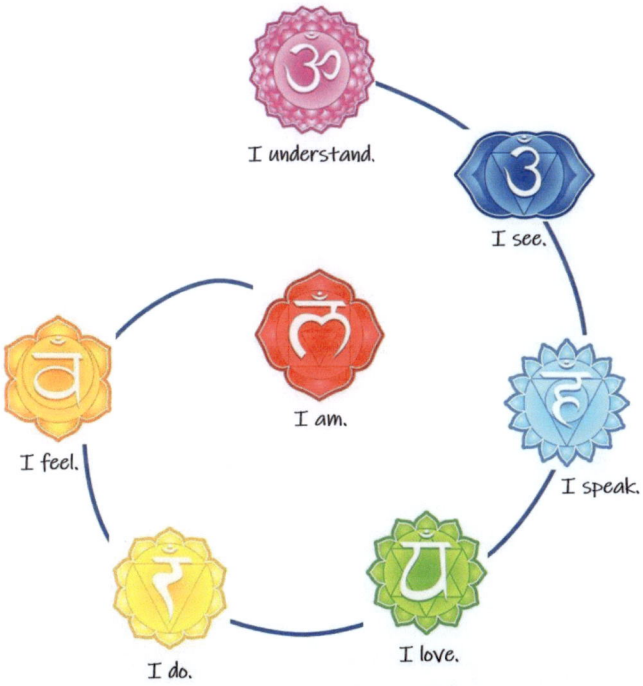

Ist eines der Chakren teilweise oder vollständig blockiert, stört dies den Energiefluss des gesamten Körpers und wirkt sich auf die Aura des Menschen aus. Er wirkt energetisch betrachtet nicht mehr „rund", in manchen Fällen so sehr, dass dies auch physisch erkennbar wird, beispielsweise durch die Körperhaltung, den Blick, Zustand der Haut oder Klang der Stimme.

Ein bewusst wahrnehmendes Gegenüber spürt dieses energetische Ungleichgewicht, sehr feinfühlige Menschen sogar bis hin zum Mitempfinden des Schmerzes des anderen. Ist es Ihnen nicht auch schon so ergangen, dass sie jemandem begegnet sind und wie aus heiterem Himmel beispielsweise einen Druck im Bauch, Kloß im Hals oder eine tiefe Traurigkeit gespürt haben? Nicht immer sind solche Energien „hausgemacht", sie können übertragen werden und sich gegenseitig beeinflussen, wenn wir mit einem anderen Menschen in *Resonanz* gehen.

Resonanz wirkt umgekehrt auch im Positiven: Schwingt die Aura eines Menschen besonders hoch, so nehmen wir diesen auch als positiv ausstrahlend, möglicherweise gar als *erleuchtet* wahr, lassen uns von ihm begeistern und erfreuen. Redewendungen wie „der Mensch hat eine gute (oder positive, starke) Ausstrahlung" oder „er ist im flow" (gemeint ist durchaus, wenn auch meist unbewusst, der intakte Energiefluss) haben in unsere Alltagssprache Einzug gehalten und zeugen von der intuitiven Akzeptanz des Zusammenhangs.

Manchmal sind *Tiere* gute Indikatoren für die Qualität solcher Energien, weil sie naturgemäß nicht allzu sehr mit ihrem Verstand beschäftigt sind. Als ich aufgrund einer kritischen Situation in der Mannschaft eines der Mädchen und ihre Mutter zu Hause besuchte, setzen wir uns zusammen im Garten auf eine Bank, um miteinander zu sprechen. Die alte Hündin der Familie kam alsbald zu mir und legte ihren Kopf auf meinen Oberschenkel. Ich sah in die erstaunten Gesichter der Mutter und ihrer Tochter: „So etwas macht sie sonst nie bei Fremden!". Und seit ich an diesem Buch arbeite, kommt unser Kater wieder öfter nachts zu mir ins Bett, kuschelt sich sogar ab und zu ganz entgegen seiner Gewohnheiten an meinen Bauch.

Resonanz kann in ihrer Konsequenz anziehend aber auch abstoßend, beflügelnd oder deprimierend wirken. Sie kann Freude und Lust, oder wenn die Energie den Schmerzkörper triggert, Neid und Missgunst auslösen. Resonanz kann somit in ihrer Wirkung die Grenze zwischen dem Ich und dem Du aufheben, aber auch massive Mauern zwischen Menschen errichten.

Das *Prinzip der Resonanz* ist eines der *Kosmischen Gesetze*, die dem Urvater der Philosophie, *Hermes Trismegistos* [89], zugeschrieben wer-

---

[89] Die Göttergestalt des Hermes Trismegistos (griechisch Ἑρμῆς ὁ Τρισμέγιστος für „der dreimal größte Hermes") ist eine synkretistische Verschmelzung des griechischen Gottes Hermes mit dem ägyptischen Gott Thot. Bis in die frühe Neuzeit glaubte man, Hermes Trismegistos habe tatsächlich gelebt und sei der Verfasser der nach ihm benannten hermetischen Schriften. (https://de.wikipedia.org/wiki/Hermes_Trismegistos, Aufruf 30.03.2019)

den. Es besagt: „Gleiches zieht Gleiches an und wird durch Gleiches verstärkt. Ungleiches stößt einander ab."[90] Konkreter bedeutet das: Negativität zieht Negatives an, Positivität zieht Positives an, Leid zieht Leid an, Freude zieht Freude an. Angst zieht Angst an, Liebe zieht Liebe an, und auch Angst stößt Liebe ab, Liebe stößt Angst ab.

Robert Betz konkretisiert das Resonanzprinzip praktisch-anschaulich in Form der *Spiegelgesetze* und betont: „Mit unseren Gedanken erschaffen wir Realität".[91] Er bezieht sich dabei auf ein weiteres hermetisches Gesetz, nämlich das *Prinzip der Entsprechung:* Wie oben - so unten, wie innen - so außen, wie im Großen - so im Kleinen. Das bedeutet: So, wie wir innerlich fühlen und denken, erleben wir auch unsere Umgebung. Umgekehrt ist die Außenwelt der Spiegel unserer inneren Befindlichkeiten. Somit können wir das Große im Kleinen erkennen, und das Kleine im Großen. Und wenn wir uns verändern, wird sich auch alles um uns herum verändern.[92]

Byron Katie kehrt die Perspektive um und beschreibt aufgrund der Erfahrung eines zehnjährigen Leidensprozesses, welchen Einfluss unsere Gedanken auf Gesundheit und Wohlbefinden haben: *Wie wir denken, so fühlen wir uns.* Sie entlarvt Enttäuschungen, Konflikte, Mangelzustände, Unglück und Opferdasein als die schädlichen Konsequenzen des Ego und seiner Muster. Auf der Grundlage ihrer Erfahrungen und Erkenntnisse entwickelte Katie die Methode *„The Work",* welche darauf zielt, unwahre, destruktive Gedanken zu entlarven und effektiv umzuprogrammieren.[93]

Die auf Hermes zurückgeführten *Kosmischen Gesetze* (auch Hermetische Gesetze) wurden erstmals in dem 1908 veröffentlichten Buch *Kybalion* zusammenhängend formuliert. Sie umfassen sieben Prinzipien: Geist, Ursache und Wirkung (Karma), Analogie, Resonanz, Harmonie, Rhythmus und Polarität.

[90] www.wirkendekraft.at/Kosmische_Gesetze/, Aufruf 30.03.2019
[91] Robert Betz: Erkenne Dich in den Spiegeln deines Lebens! Die Spiegelgesetze verstehen und anwenden lernen, Vortrags-CD, München 2007
[92] vgl. www.wirkendekraft.at/Kosmische_Gesetze/, Aufruf 30.03.2019
[93] vgl. Byron Katie: The Work of Byron Katie, Ojai 2013

Über die *Macht der Gedanken* sendet uns Ramtha, ein Lehrer der geistigen Welt, folgende Botschaft:

Wie wird deine Zukunft erschaffen? Durch Gedanken. Alle Tage, die vor dir liegen, planst du am heutigen Tag durch deine Gedanken. Denn jeder Gedanke, jede Phantasie und jede Absicht erzeugen ein Gefühl in deinem Körper, das in deiner Seele gespeichert wird. Dieses Gefühl ist dann Voraussetzung für die Ereignisse in deinem Leben, denn es wird Umstände auf dich ziehen, die genau zu dem in deiner Seele aufgezeichneten Gefühl passen und dieses wieder neu erschaffen. Wisse, dass jedes Wort, das du sprichst, deine zukünftigen Tage erschafft, denn Worte sind nur Töne, die die Gefühle in eurer Seele ausdrücken, die wiederum aus Gedanken geboren sind.
Denkst du, dass die Dinge dir nur zufällig geschehen? In diesem Reich gibt es weder Zufall noch Koinzidenz - und niemand ist ein "Opfer" der Pläne und Absichten eines anderen. Alles, was dir geschieht, hast du selbst in dein Leben hineingedacht und gefühlt. Du hast es dir in Form von Ängsten oder Sorgen "was wäre, wenn" herbeiphantasiert, oder jemand hat dir gesagt, etwas wäre so und nicht anders, und du hast es als Wahrheit akzeptiert. Alles, was geschieht, geschieht als absichtsvoller Akt, bestimmt von Gedanken und Gefühl. Alles!
Jeder Gedanke, den du je gedacht hast, jede Phantasie, die du dir erlaubt hast, alle Worte, die du gesprochen hast, sind wirklich eingetreten oder warten darauf einzutreten. Denn der Gedanke ist der wahre Lebensspender, der niemals stirbt und nie zerstört werden kann. Du hast ihn benutzt, um jeden Augenblick deines Lebens zu schaffen, denn er ist dein Bindeglied zum Geist Gottes. [94]

Ramtha erinnert uns somit auch an die jedem von uns gegebene Schöpferkraft, betont das Göttliche in uns. Ein großes Geschenk, eine große Chance, aber auch eine große Verantwortung.

---

[94] Steven Lee Weinberg: Ramtha, Freiburg 1998, S. 23, online unter www.vielewelten.at/pdf/ramtha.pdf (Aufruf 04.03.2019). Die Aufzeichnungen beruhen auf den 1986 von Judith Darlene Hampton alias JZ Knight gechannelten *Ramtha Dialogues*.

so weit ...

so weit

entfernt vom verstand

und doch so spürbar

wahr

das geschenk des lebens

auspacken

mit offenem herzen

in die tiefe der seele

eindringen

sich treiben lassen

genießen

in sicherheit

25.2.13lth

Zeichen und Wunder

„Die Schwingungen stimmen zwischen uns", hatten Mara und ich übereinstimmend formuliert, ohne dass auch nur einer von uns zu diesem Zeitpunkt die geringste Ahnung von Resonanz oder gar den Erkenntnissen der Quantenphysik hatte.

Gleichzeitig verschärften sich die Rahmenbedingungen, denn auch ihr Mann erahnte mehr und mehr, was zwischen uns schwang. So gab er mehr und mehr seine zunächst wohlwollende (wenn auch resignativ-tolerante) Haltung mir gegenüber zugunsten einer immer stärker an die Oberfläche dringenden offenen Ablehnung auf, die Mara in Form einer teils subtilen, teils konfrontativen Art des Umklammerns und Unterdrucksetzens zu spüren bekam.

Sie geriet mehr und mehr in den Strudel einer emotionalen Zwickmühle, sah sich oftmals genötigt, ihre Gefühle für mich zu verdrängen und zu verraten, und entwickelte folglich entsprechende Muster. Sie haderte mit dem Schicksal, bemitleidete ihren Mann angesichts der Signale ihres eigenen Herzens und litt sehr unter ihrem von ihm zusätzlich getriggerten „schlechten Gewissen".

So fiel es ihr auch nicht immer leicht, die vielen uns geschenkten Zeichen anzunehmen und freudvoll als Mutmacher zu verbuchen. Zum Beispiel die Lieder, die uns zuflogen und spüren ließen, wir sind nicht allein mit diesen Gefühlen und dieser Erfahrung. Lieder wie *80 Millionen* (Max Giesinger), *Lieblingsmensch* (Namika), *Ultraleicht* (Andreas Bourani), *Am Ende denk ich immer nur an dich* (Element of Crime) oder *Horizont* (Udo Lindenberg), aber auch alte Volkslieder wie *Die Gedanken sind frei* oder die Ballade *Es waren zwei Königskinder* wurden zum Manifest unseres Empfindens, zum Platzhalter der fehlenden Worte zur Beschreibung unserer Gefühle. Sie waren wie Leuchtfeuer, die unsere tiefen Emotionen aufscheinen lassen durften, auf einer Insel, auf die wir uns zurückziehen konnten und auf der wir uns verstanden fühlten.

Ich entdeckte Peter Wyoming Benders bitteres Lied *Ich habe diese Frau geliebt* wieder, das mein Herz schon damals, Anfang der 1980er Jahre, so sehr berührte, weil es die Geschichte, die sich über 30 Jahre später ereignen sollte, natürlich längst kannte.

Zur gemeinsamen Hymne unserer Sehnsucht wurde *Wish you were here* von Pink Floyd. Ich hatte mich niemals gründlicher mit dem Text beschäftigt, bis ich eines Tages mit großem Erstaunen feststellte, auf welch wundervolle Weise er zu uns passt:

How I wish, how I wish you were here
We're just two lost souls
Swimming in a fish bowl
Year after year
Running over the same old ground
What have we found?
The same old fears
Wish you were here [95]

Diese Worte enthalten so vieles, was unsere Beziehung in wundervoll melancholischer Weise widerspiegelt: Die Sehnsucht, die Einsamkeit mit diesem Thema, das ewige sich im Kreis drehen und die Begegnung mit den uralten, tief in unsere Seelen eingebrannten Ängsten.

Ich wurde mir erstmals der Bedeutung meines zweiten Vornamens bewusst. Sie hätte treffender nicht sein können, denn Thomas ist vom aramäischen *te'oma* abgeleitet und bedeutet *Zwilling*.

---

[95] Text: Roger Waters, erschienen auf dem gleichnamigen Album, Harvest Records 1975, Auszug

Auch Filme erschienen als Zeugen unserer Geschichte. *Die Brücken am Fluss* hatte mich beim ersten Sehen vor etlichen Jahren gar nicht berührt. Als ich den Film nach der Begegnung mit Mara noch einmal sah, war ich von Beginn an tief ergriffen. Bei keinem anderen Film habe ich jemals so viel geweint.

Ist Ihnen aufgefallen, dass in unserer Geschichte immer wieder die Zahl 11 eine Rolle spielt? Ich durchlitt z. B. mein Heimweh-Trauma, als ich 11 Jahre alt war, genau so alt wie Laura im Trainingslager. Und 11 war auch der „Junge mit den Fischen", als er seine Mutter verlor.

Elfen begleiteten unseren Weg. Sie fanden sich beispielsweise auf Uhren, Kalendern, Thermometern und Autokennzeichen. Kurz vor Weihnachten 2013 irrten wir eines Abends durch den Ort wie Maria und Joseph auf der Suche nach einer Herberge. An einer Kreuzung querte ein einsames Auto unseren Weg, auf dessen Kennzeichen nach der Kennung des Landkreises die Kombination „SV 11" folgte. Ein andermal fuhren wir im Sommer mit unseren Fahrrädern auf einer Landstraße. Auf dem kurzen Abschnitt überholten uns 6 oder 7 Autos, und *ausnahmslos jedes* von ihnen trug die 11 am Ende der vierstelligen Zahl auf dem Nummernschild. Zufall, künstliches Arrangement oder Zeichen des Schicksals? Wir haben die Wahl.

Die 11 gilt in der Numerologie als *Meisterzahl* mit einer hohen Schwingung. „Allgemeine Bedeutungen der 11 sind: Spiritualität, Intuition, Weisheit der Seele, Medialität, Charisma, Erkenntnis, Bewusstsein, aus dem Glauben Kraft schöpfen, Ruf der Seele, aber auch Beeinflussbarkeit, Labilität und Verletzlichkeit."[96]

In der Lehre der Energieportale nach Bärbel und Günter Heede steht das elfte Portal für die *Entgrenzung*. Seine Energien ermöglichen Veränderung, öffnen Türen zu neuen Wegen. „Über die Entgrenzung entstehen Freiheit und Leichtigkeit. Blockierende Strukturen werden gesprengt, verdichtete Schwingungen aufgelöst und ausweglose Situationen erhalten neue Perspektiven."[97]

All diese kleinen zufällig scheinenden Zeichen ... der homo faber in mir hätte vor Jahren nüchtern vorgerechnet: „Die Wahrscheinlichkeit, um 11 nach auf die Uhr zu schauen, kann bei bis zu 100% liegen, wenn man nur oft genug (nämlich minütlich) auf die Uhr sieht. Und die Wahrscheinlichkeit, dass zwei Menschen mit Blutgruppe null negativ aufeinandertreffen, ist doch immerhin 6% · 6% = 3,6 ‰ entsprechend eins zu $277,\overline{7}$. Warum also an Schicksal glauben?"

Die 6 ist übrigens Maras Schicksalszahl[98], meine die 7. Als wir uns begegneten, war Mara 42 und ich 43 Jahre alt. In der Theorie der Universalzahlen steht die 6 für die Dienerin, die 7 für den Träumer. Sechsern wird eine starke Affinität zur Kunst zugesprochen, Siebener werden als Philosophen gesehen, als Mystiker und Metaphysiker, die der Welt tiefgründige Gedanken bescheren.[99] „Die Schicksalszahl 7 ist [zudem] die Zahl der Veränderung. (...) 7er Menschen sind bedingungslos Liebende: total und hingebungsvoll."[100]

---

[96] http://summa.stiftungrechnen.de/jetzt-schlaegts-dreizehn-teil-2/, Aufruf 30.11.2018
[97] Günter Heede: Selbstermächtigung. Zum Wohle und Nutzen aller, Berlin 2015, S. 148
[98] Als Schicksalszahl bezeichnet man die Quersumme des Geburtsdatums.
[99] vgl. Dawne Kovan: Numerolgie, Köln 2004, S. 42ff.
[100] http://runen.net/numerologie-schicksalszahl/index-7.php, Aufruf 04.03.2019

Mara ist eine gute Malerin. Am besten gefiel mir ihr Bild eines musizierenden und tanzenden gesichtslosen Engels. Wie ein Selbstportrait. Überhaupt begleiteten Bilder unseren Weg, vor allem in Form von Naturaufnahmen mit spirituell-romantischer Symbolik. Das Meer wurde zum gemeinsam erklärten Sehnsuchtsort. Wie schön es doch wäre, auch nur einen einzigen Tag zu zweit am Meer verbringen zu können. Auch Bilder des Himmels, etwa von orangeroten Sonnenuntergängen oder malerischen Wolkenkonstellationen, begleiteten uns, möglicherweise als Symbol für die Weite des Universums, des Heimathafens aller Seelen.

Komplizierter wurde es manchmal bei Zitaten, die ich als weise, bestätigend, ermutigend und richtungsweisend empfand, die bei Mara jedoch Widerstand auslösten, als „Kalendersprüche" abgetan oder mit „gesunder Skepsis" abgelehnt wurden. Einige besondere davon finden Sie in diesem Buch. Mara beschränkte sich vorsichtshalber darauf, unsere Verbindung hin und wieder, wenn sie selbst und die Umstände es erlaubten, ganz praktisch zu genießen.

[Exkurs 5] Angst – ein schlechter Berater

Es gibt keine Grenzen.
Weder für Gedanken noch für Gefühle.
Es ist die Angst, die immer Grenzen setzt.

Ingmar Bergman

Das Thema dieses Exkurses mag Ihnen vielleicht etwas unvermittelt erscheinen. Aber noch gilt es die wesentliche Frage zu klären, wie es trotz aller wundervollen Zeichen und Erkenntnisse zu den andauernden Achterbahnfahrten der Gefühle kommen konnte, warum Mara und ich ruhelos die volle Bandbreite der Emotionen durchlebten und immer wieder den Verlust der Leichtigkeit erlitten. Sie wissen inzwischen um die Macht der Energien. Und die mächtigste aller negativen Energien ist *Angst*. Wenn etwas Schönes nicht einfach nur schön *sein* und *bleiben* darf, ist Angst im Spiel.

Denn Angst ist „das emotionale Fundament aller anderen negativen Emotionen"; als größte negative Energie wohnt sie unter allen anderen Energien und ist das stärkste Muster, das uns lenken kann.[101]

Es gibt verschiedene Formen der Angst. Alexa Förster unterscheidet, in Anlehnung an die von Varda Hasselmann und Frank Schmolke geprägten sieben *Archetypen der Angst*, sieben Grundängste und ordnet ihnen charakteristische Verhaltensmuster zu, die verdeutlichen, auf welche Weise sie Einfluss auf das Leben nehmen:[102]

---

[101] Alexa Förster: Der Brain-Code – ein energetisch umprogrammierendes Konzept, in: Die Meile. Wege die bewegen. Bewusst gesund sein, Nr. 122, Dezember 2018, S. 11, online unter www.meile-bewegt.de.
[102] vgl. Alexa Förster: Fühle und gehe selbst! Leichten Schrittes zu mehr Wohlbefinden, Bielefeld [2]2017, S. 92ff.

Grundangst vor ...	Reaktionsmuster
Unzulänglichkeit	Selbstverleugnung
Lebendigkeit	Lebensunlust, Kontrolle, Verschlossenheit, Selbstsabotage
Wertlosigkeit	Aufopferung, Märtyrer-Verhalten
Unberechenbarkeit	Starrsinn, Sturheit, Scheu vor Veränderung
Mangel	Gier, Unersättlichkeit
Verletzt werden	Isolation, Hochmut
Versäumnis	Ungeduld, Unruhe, Umtriebigkeit

Förster erwähnt diese Grundängste ergänzend oder überdeckend folgende „allgemeine Ängste", die unabhängig von Zeit und Kultur von vielen Menschen empfunden werden: Angst vor Schmerz, Allein-sein, Veränderung, Verantwortung und vor dem Tod. Zudem nennt sie im Fall von Menschen, die von ihren Ängsten so sehr beherrscht werden, dass diese überwiegend ihr Leben und Erleben prägen, die „Angst vor der Angst".[103]

Das Erleben von Ängsten ist ebenso individuell wie komplex, und dennoch wird niemand mit Angst Bilder wie eine farbenfrohe Blumenwiese, eine schöne Landschaft im Sonnenschein oder das ruhige Meer unter einem strahlend blauen Himmel assoziieren. Angst erscheint uns grau und diffus, wie ein alles Schöne in sich aufsaugender Strudel. Und das sich einstellende Gefühl wird kalt, dumpf, zäh, beklemmend oder bedrückend sein – vielleicht gelingt es Ihnen allein kraft Ihrer Gedanken an eine angstbesetzte Situation, den sprichwörtlichen „Kloß im Bauch" zu spüren?

---

[103] vgl. Förster (2017), S. 113ff.

Angst ist eine sehr schwere, finstere, trübe Energie. Sie ist die graue Wolke in unserem Kopf und der finstere Schatten, der uns verfolgt. Sie ist zudem eine sehr *aktive* Energie: Angst wirkt verdunkelnd, eintrübend, die Leichtigkeit raubend, allgemeiner: deprimierend und destruktiv. Und sie verstärkt sich selbst, die „Angst vor der Angst"[104] genügt bereits, um innen wie außen zu verblassen. Sie lähmt uns, schränkt uns körperlich und geistig ein, lässt uns klein werden, verkrampfen und erstarren, raubt uns das Licht, den Mut und die Lebensfreude und lässt uns verbittern und krank werden.

Angst provoziert Zweifel, Unsicherheit, Widerstand, Ablehnung, Neid, Hass, Ausgrenzung, Unfrieden und Krieg. Sie übertönt die Stimme unseres Herzens, und gerade deshalb ist sie ein so „schlechter Berater". Je mehr Macht wir ihr zugestehen, umso mehr werden

---

[104] Das Szenenbild mit Margit Carstensen in der Rolle der Margot stammt aus dem gleichnamigen Film von Rainer Werner Fassbinder. Darin wird erzählt, wie Ängste eine Frau dazu treiben, sich mit Beruhigungsmitteln, Alkohol und schließlich Psychopharmaka so sehr zu betäuben, dass sie sich schließlich geheilt wähnt, in Wahrheit jedoch nur noch ein innerlich völlig lebloser Schatten ihrer selbst ist.

wir in ihrem Sumpf versinken und – wie paradox! – heilsame Veränderungen verweigern. Die Angst flüstert dann nämlich, getrieben von Ego und Schmerzkörper, „Sei vorsichtig! Es könnte ja *noch schlimmer* werden! So wie es ist weißt du wenigstens, was du hast."

Und schließlich erzeugen auch unsere *angstvollen* Gedanken und Gefühle Realität. Wie innen, so außen. Was wir energetisch säen, werden wir ernten. „Das, wovor ich die größte Angst habe, ziehe ich wie ein Magnet an."[105]

Ein sehr dominantes, vereinnahmendes Gefühl offenbar, das uns *ohnmächtig* macht und somit von menschenverachtenden Despoten oftmals für niedere Zwecke missbraucht werden konnte. Beispiele dafür finden wir in direkter räumlicher und zeitlicher Nachbarschaft: Die Nazidiktatur oder der „real existierende Sozialismus" in der DDR hätten ohne die systematisch durch SS bzw. Stasi in den unterdrückten Völkern geschürten Ängste niemals sein können.

Ein weiteres unrühmliches Beispiel ist der Kampf der katholischen Kirche um weltliche Macht: Kreuzritter und Inquisition prägten die finstere Zeit, die vom Hochmittelalter bis in die frühe Neuzeit reichte. Nicht aus Hingabe und Überzeugung, sondern aus *Angst* unterwarfen sich Menschen und ganze Völker dem äußerst brutalen Vorgehen der Krieger im Namen des Herrn und später der Inquisitoren gegen alle Andersgläubigen, Ketzer und Heiden.

Die Hexenverfolgungen dauerten bis weit in das 18. Jahrhundert an. Naturverbundene, heilkundige[106] und/oder äußerlich besonders attraktive Frauen gerieten in das Visier der (durchweg männlichen) Inquisitoren, in deren durch krankhafte Projektion verklärten

---

[105] Betz (2007), Kap. 12
[106] Besonders *Hebammen* waren aufgrund ihrer Heilkompetenz und guten Zusammenarbeit sehr gefährdet. Originalakten aus dem Kölner Stadtarchiv zufolge waren ein Drittel der zwischen 1627 und 1630 dort zum Tode verurteilten Frauen Hebammen. Vgl. Terra X: Ein Tag in Köln 1629, dauerhaft verfügbar in der ZDF-Mediathek unter www.zdf.de/dokumentation/terra-x/ein-tag-in-koeln-100.html.

Hirnen weibliche Brüste als „Teufelskugeln" galten und Dekolletés als „Höllenfenster".[107] Die Methoden der selbst ernannten Richter im Namen des Herrn verachteten alle christlichen Werte auf schändlichste Weise. Beispielsweise wurden der Hexerei verdächtige Frauen an Händen und Füßen gefesselt in einen Fluss geworfen. Ertranken sie, galt der Fall als durch Gottes Hand gelöst. Konnten sie sich hingegen wider aller Natur retten, bewies dies ihre vermeintliche teuflische Besessenheit, und sie wurden verurteilt und verbrannt.[108]

Kaum jemand wagte es, angesichts der drohenden Repressalien aufzubegehren; im Gegenteil: Indem Verrätern ein Zehntel des Hab und Gutes einer als Hexe verurteilten Frau zugesprochen wurde, förderte man das Denunziantentum und hielt das Interesse an Freisprüchen gering.[109]

---

[107] vgl. Margit und Rüdiger Dahlke, Volker Zahn: Frauen-Heil-Kunde, Be-Deutung und Chancen weiblicher Krankheitsbilder, München 2003, S. 361f., zum Thema Projektion vgl. Rüdiger Dahlke: Die Schicksalsgesetze. Spielregeln fürs Leben. Resonanz Polarität Bewusstsein, München [12]2009, S. 73ff.
[108] vgl. Dahlke (2009), S. 75
[109] vgl. Dahlke (2009), S. 74. Die übrigen 90% gingen übrigens in den Besitz der Kirche über. In dieser Zeit wurde das Fundament des heutigen Reichtums der Kirche gelegt (vgl. ebd., S. 74ff.).

Die dunklen Energien des Mittelalters wirken bis heute. Tolle beschreibt die ebenso dramatische wie nachhaltige Wirkung dieser finsteren Zeit auf den *kollektiven Schmerzkörper* der Frauen.[110] Inzwischen durfte ich selbst mehrfach in Heilsitzungen derartige Energien aufspüren und auflösen, immer wieder bestärkt in der bitteren, aufwühlenden Erkenntnis, wie nachhaltig sie bis zu jenem Zeitpunkt auf die Betroffenen (stets Frauen) wirkten, sie in ihrem Denken, Handeln und Fühlen einschränkten, klein und ängstlich hielten und an der Entfaltung ihrer Potenziale hinderten.

Das Mittelalter hinterließ heilkundlich und spirituell betrachtet einen bis heute nicht reparierten Scherbenhaufen. Alles, was anders war bzw. nicht dem monotheistischen Dogma der katholischen Kirche entsprach, wurde unterdrückt, bekämpft und vernichtet: die Seher, Heiler, Krafttiere und Engel ebenso wie die jahrhundertealten natürlichen und energetischen Heilverfahren. Der unheilvolle Antrieb dieses Vernichtungsfeldzuges war letztlich die *Angst* (sic!) der Ego-getriebenen Obersten und Schergen der Amtskirche vor dem Andersartigen und dem Verlust von Einfluss und Bedeutung angesichts der Konkurrenz durch andere spirituelle Lehren, beispielsweise den Inkarnationslehren des Buddhismus und Hinduismus.

Bis heute hält die katholische Kirche das Konzept von Schuld und Sühne und somit die mittelalterlichen energetischen Altlasten aufrecht und triggert folglich Schuldgefühle und „schlechtes Gewissen". Wir leben in einem Land, in dem noch vor nicht allzu langer Zeit in Schulen Fleißkärtchen gegen Heiligenbildchen eingetauscht wurden[111], und noch heute sonntäglicher Kirchgang und regelmäßige Beichte als notwendige Voraussetzungen für die Verheißung gelten – oder zumindest dafür, nicht in „die Hölle" zu kommen. Die Amts-

---

[110] vgl. Tolle (2005), S. 179ff. Er berichtet von Untersuchungen, nach denen als gesichert gilt, dass „in einem Zeitraum von 300 Jahren drei bis fünf Millionen Frauen von der ‚heiligen Inquisition' gefoltert und ermordet wurden (...). Dies ist, zusammen mit dem Holocaust, sicher eines der dunkelsten Kapitel der Menschheitsgeschichte." (ebd., S. 180)

[111] vgl. beispielhaft Cornelia Ertmer: Der Geschmack von Lebertran. Eine Kindheit in den 50er-Jahren, Dortmund 2018, S. 57 ff.

kirche regiert, ebenso dogmatisch wie reformunfähig. Nur wer sich „folgsam ihren Lehren"[112] erweist, dem „Satan, dem Urheber des Bösen", widersagt[113] und frei von „Sünde" ist erwirbt das Anrecht auf einen Platz im *Himmel*. Der Himmel als Metapher der Hoffnung auf ein Leben nach dem Tod. Ein schönes, romantisches Bild, mit dem da so plakativ geworben wird – von einer Institution, die die Reinkarnation kategorisch verneint[114], beansprucht und verteidigt man doch das Monopol auf das Substitut „ewiges Leben" für sich.[115]

Dieses nur scheinbar exklusive Heilsversprechen büßt jedoch inzwischen zunehmend an Glaubwürdigkeit und folglich Einfluss ein, denn immer mehr Menschen erkennen (beispielsweise durch die Erfahrung der Begegnung mit Seelenverwandten), dass der Tod ein rein physischer, einigermaßen bedeutungsloser Vorgang ist, weil die Seelen (völlig unabhängig von der Zugehörigkeit zu einer religiösen Gemeinschaft und der Lebensführung) *ewig* leben und miteinander verbunden sind. Sie alle werden sich von den Normen und Zwängen des konservativen Katholizismus befreien, die Höllenangst überwinden, ihr Leben freudvoller und kreativer gestalten, Ehrfurcht in Weisheit, Unterwürfigkeit in kreative Tatkraft verwandeln und den

---

112 Fragment aus dem Kirchenlied „Fest soll mein Taufbund immer stehen", zit. nach (Erz-)Bischöfe Deutschlands und Österreichs und Bischof von Bozen-Brixen (Hrsg.): Gotteslob. Katholisches Gebet- und Gesangbuch. Ausgabe für das Bistum Limburg, Stuttgart/Limburg 2014, Liednr. 862

113 vgl. die *Abrenuntiatio diaboli* aus der Taufliturgie der röm. kath. Kirche, https://de.wikipedia.org/wiki/Abrenuntiatio_diaboli, Aufruf 04.02.2019

114 vgl. hierzu "Reinkarnation und christlicher Glaube. Wiedergeburt oder Auferstehung?" von Matthias Neff auf der Website des Bistums Trier, www.bistum-trier.de/weltanschauungsfragen-sekten/gruppen-weltanschauungen/reinkarnation/, Aufruf 24.11.2018. Neff stellt hierin klar: "Der christliche Glaube an die Auferstehung der Toten und die Vorstellung von (...) Reinkarnation lassen sich miteinander nicht in Einklang bringen, sie schließen sich vielmehr gegenseitig aus".

115 vgl. hierzu Seiler, Benjamin: Reinkarnation: Die größte Lüge der Kirche. In: Zeiten Schrift Nr. 9, 1996, S. 45ff., online unter www.zeitenschrift.com/artikel/reinkarnation-die-grosste-luge-der-kirche, Aufruf 24.11.2018. Besonders interessant erscheint die Aussage, "Am Anfang der Christenheit war die Reinkarnation eine der Säulen im ganzen Glaubensgebäude.", der Autor bezieht sich dabei auf das Konzil von 451, "frühe Kirchenfürsten und Theologen wie Origenes, Basilides oder de[n] Heilige[n] Gregor" sowie konkrete Bibelstellen.

Glauben zu wahrhafter, unabhängiger Spiritualität weiterentwickeln können.[116]

Ich persönlich verstehe übrigens die bereits zitierten Worte des 1. Korintherbriefs, „Die Liebe hört niemals auf", als Hinweis auf die Unsterblichkeit und die im Exkurs *Das Leben der Seelen* beschriebene ewige Verbindung der Seelen miteinander. Und legt man Eckart Tolles Interpretation des Begriffs „Sünde" als *Unbewusstheit* (vgl. S. 59) zu Grunde, so gibt es kaum eine größere Verfehlung als die unreflektierte, zwanghafte, dogmatische und unterwürfige Frömmigkeit fernab jeglicher Spiritualität, die von manchen Menschen mit dem Christ-Sein verwechselt wird. Welch fatales und unheilvolles, weil in die Irre leitendes Missverständnis!

Meine Frau und ich haben uns eine Zeitlang in der katholischen Kirchengemeinde vor Ort engagiert. In diese Zeit fiel meine Begegnung mit Mara. Alles, was ich dadurch lernen und erkennen durfte, führte dazu, dass ich eines Tages die Worte der Lesungen des Alten Testaments nicht mehr ertragen konnte, besonders dann, wenn es um „Schuld und Sühne" ging. Ich spürte in der Tiefe meines Herzens, dass die Begegnung mit Mara vom Schicksal gewollt war, und dass alles, was wir empfanden, dachten und taten keine Sünde sein konnte. „Etwas, das man aus Liebe tut, kann nicht falsch sein", hatte sogar der Pastor einmal formuliert. Der gleiche Pastor, von dem ich nach meinem Kirchaustritt ein Standardschreiben des Bistums erhielt, in dem man mir drohte: „Es kann Ihnen das kirchliche Begräbnis verweigert werden, wenn Sie vor dem Tod kein Zeichen der Umkehr und Reue gezeigt haben." Ich musste schmunzeln, denn diese Worte schenkten mir das letzte fehlende Quäntchen an Überzeugung von der Richtigkeit meines Entschlusses.

Seitdem ich so eindrucksvoll dank der weisen Frau erfahren durfte, dass die Seelen unsterblich sind und sich immer wieder begegnen,

---

[116] Eckart Tolle sieht in der Spiritualität eine fortgeschrittene Stufe der Religiosität. Vgl. dazu Tolle (2005), S. 28ff.

habe ich keine Angst vor dem Tod mehr. Und ich weiß: *Es gibt keine Sünde und keine Schuld.* Denn dem *Kosmischen Gesetz von Ursache und Wirkung* gemäß erzeugt jeder Gedanke, jedes Gefühl, jede Handlung eine bestimmte Energie, die mit gleicher Intensität an ihren Ausgangspunkt zurückkehrt. Die Wirkung entspricht also der Ursache in Qualität und Quantität, Gleiches erzeugt Gleiches. Es gibt folglich keine Sünde, keine Schuld, keinen Zufall und kein Glück, sondern lediglich Ursache und Wirkung, die viele Jahrhunderte und Inkarnationen auseinander liegen können und somit nicht in jedem Fall gleich offensichtlich kausal miteinander zu verknüpfen sind.[117] Es gilt also auch hierbei, ganzheitlich komplex zu denken und die moralisierende Bewertung und Verurteilung aufzugeben. Das Konzept von Sünde und Schuld dient einzig dem Zweck, Ängste zu schüren und Menschen dadurch abhängig, gefügig und unterwürfig zu machen und am selbstständigen, freien Denken und Leben zu hindern, sie *unbewusst* zu halten.

Ein üblicher Gefährte der Angst ist der *Zweifel*, den Paul Keller mit folgenden Worten charakterisiert hat:

Zweifel macht arm und verödet das Herz; er ist der Bilderstürmer im Dom unserer Seele, dessen Altäre er entkleidet und von dessen Wänden er Glanz und Schönheit nimmt. Was dann übrigbleibt, ist kahle Armut, sind harte nüchterne Trümmer. [118]

Viele Menschen denken anders, sprechen durch Ego und Schmerzkörper gesteuert beispielsweise mit großer Selbstverständlichkeit von „gesunder Skepsis" und mahnen zur Vorsicht, obwohl beide, Skepsis und Vorsicht, doch letztlich aus nichts anderem als Angst und mangelndem Vertrauen erwachsen. Wie könnten sie also Gutes hervorbringen oder gar heilsam bzw. „gesund" sein?

---

[117] vgl. www.wirkendekraft.at/Kosmische_Gesetze/, Aufruf 30.03.2019
[118] Paul Keller: Die Alte Krone. Ein Roman aus dem Spreewald, erschienen 1909, Neuausgabe Berlin 2017, S. 110

Ein weiterer Kompagnon der Angst ist das sogenannte *schlechte Gewissen*. Es resultiert aus Schuldgefühlen, die aus dem Bewusstsein (manchmal auch allein der Befürchtung) des Verstoßens gegen gesellschaftliche Erwartungen entstehen. Hierbei spielt erneut das Ego mit seinen Glaubenssätzen eine unheilvolle Rolle. Selbstverständlich ist es für das Miteinander von Bedeutung, den gesellschaftlichen Normen- und Werterahmen zu respektieren und zu leben. Gleichzeitig ist es aber eine Form der *Selbstachtung*, sich zuzugestehen, Strukturen und Situationen ebenso wie die eigenen Prägungen und Bedürfnisse zu hinterfragen und Veränderungen zuzulassen. „Wenn man das eigene Lebensglück permanent hintenanstellt und so in die Opferrolle fällt, ist das unangebracht. Dann ist es wichtig, seine eigenen Werte zu überprüfen. Was ist wirklich wichtig für mein Leben?"[119]

Hieran wird deutlich, welche Rolle die fehlende oder mangelnde *Verbindung zu sich selbst,* das fehlende *Sich-selbst-bewusst-sein,* im Kontext der Angst bzw., allgemeiner gesagt, *negativer Energien* spielt – immer dann, wenn wir alles andere über unsere eigenen Erkenntnisse, Überzeugungen, Gefühle und Bedürfnisse erheben, weil wir glauben, funktionieren und es allen Menschen um uns herum recht machen zu müssen. Diese Ego-gesteuerte Gängelung wird jedoch niemals jemanden glücklich machen, sondern stattdessen zu Unzufriedenheit, Erschöpfung, Verbitterung und Krankheit führen. Viele Menschen leiden heutzutage beispielsweise unter dem sogenannten „Burnout", weil sie sich immer mehr an anderen orientiert als auf sich selbst geachtet haben. Die umgekehrte Haltung, nämlich das eigene Wohlbefinden zur Maxime des Handelns zu machen, hat indes keineswegs mit Egoismus zu tun, ganz im Gegenteil: Nur wer mit sich selbst in Frieden lebt, kann den Frieden auch in die Welt tragen.

---

[119] … formuliert in diesem Zusammenhang Sozialpädagogin und Coachin Erna Hüls, https://www.quarks.de/gesellschaft/psychologie/darum-ist-ein-schlechtes-gewissen-oft-nicht-notwendig/, Aufruf 01.05.2020

Gleiches gilt für Klarheit, Glück, Liebe und Zufriedenheit: Alles kann nur aus dir selbst heraus entstehen und wachsen.

Was ist das Gegenteil von Angst? Mut, Freiheit, Zuversicht, Lebensfreude, Sicherheit, Vertrauen, Farbe, Licht, Bewegung, ...? Alles richtig! Es gibt eine Energie, mit der sich all diese Facetten zusammenfassen und auf einen Kern verdichten lassen. Spüren Sie dem gerne nach. Fragen Sie ihr Herz, was es der Angst entgegensetzen möchte. – Wenn Angst so eine *mächtige, unheilvolle* Energie ist, verdient sie einen ebenbürtigen Gegenpol: *Liebe.*

Rüdiger Schache definiert Liebe demgemäß als einen „Zustand ohne Angst, in Einheit mit sich selbst und dem Leben. Weil man sich erinnert, wie es ist, und dass letztlich nichts wirklich falsch ist."[120]

Liebe ist warm und farbig, erzeugt Vertrauen, Mut und Lebensfreude, schafft Sicherheit, Geborgenheit und Zuversicht. Auch daran wird deutlich, *sie* ist der ebenbürtige Gegenpol der Angst.

Diese leicht nachvollziehbare Einsicht birgt aber auch eine bedenkenswerte Konsequenz: Liebe und Angst sind nicht zu vereinen, stehen sich diametral gegenüber, schließen sich gegenseitig aus. Ist also ein Mensch, der von Ängsten besetzt ist, überhaupt fähig, ganzen Herzens zu lieben und Liebe anzunehmen?

Liebe kann Angst überwinden. Ebenso kann aber auch umgekehrt Angst (wenn man von ihr beherrscht wird) Liebe verhindern oder zerstören. Robert Betz bringt es auf den Punkt:

Wo Angst ist, ist die Liebe noch nicht.
Und wo wirkliche Liebe ist, ist keine Angst mehr. [121]

[120] Rüdiger Schache: Ein Kurs in Gegenwärtigkeit und Liebe, München 2014, S. 2
[121] Robert Betz (2007), Kap. 10

Was tun gegen die Angst?

Es mag viele Wege zu einem glücklichen Leben geben und viele Türen und Tore, die es darauf zu durchschreiten gilt. Ein Tor, das wohl eine unumgängliche Station auf *jedem* dieser Wege ist, verlangt die *Überwindung der Ängste*. Nur wer den dazu passenden Schlüssel findet, wird glücklich werden können.

Ängste sind Teil unseres Schattens. Ein wichtiger erster Schritt ist es, sie *wahr zu nehmen*, als berechtigten Teil unseres Seins zu akzeptieren und *bereit* zu sein, sich ihnen zu stellen und mit ihnen auseinanderzusetzen. Das Verdrängen oder Betäuben (mit Drogen oder Beruhigungsmitteln) mag – wenn überhaupt – kurzzeitig helfen, führt aber auf Dauer dazu, dass die Ängste sich andere Wege an die Oberfläche bahnen, sei es in Form sozial oder emotional auffälliger Kompensationshandlungen (z. B. Aggression, Kommunikationsstörungen, Fixierung[122], Isolation), von Süchten oder anderen physischen oder psychischen Erkrankungen.

Werden Sie sich als Nächstes Ihrer Ängste und derer Wirkungen *bewusst*. Schauen Sie sie genau an: Worum geht es? In welchen Situati-

---

[122] In der Psychologie bezeichnet der Begriff Fixierung ein meist krankhaftes "Festhalten" einer Person an bestimmten Menschen, Ideen oder Entwicklungsstufen. (www.wissen.de/medizin/fixierung-psychologie, Aufruf 08.12.2018)

onen zeigt sich die Angst? Wie reagiere ich darauf? Welche Programme laufen in mir ab?

Manchmal genügt schon allein dies, um eine Angst zu enttarnen, sie konkreter und somit *greifbarer* zu machen, sich seiner Glaubenssätze und Muster bewusst zu werden und diese gezielt zu verändern. Schenken Sie der Angst Aufmerksamkeit, und geben Sie sie liebevoll annehmend in Ihr Herz, um sie zu transformieren.

Manche Ängste lassen sich allerdings nicht mit solchen „Hausmitteln" überwinden, etwa weil sie auf lange zuvor (möglicherweise in früheren Inkarnationen) erlittenen Traumata basieren oder sich inzwischen durch Ignoranz, Verdrängung, Leugnung und Betäubung so sehr verselbständigt und somit verzweigt haben, dass sie mit vielen Stellen unseres Zellgedächtnisses und Nervensystems verwachsen sind, sodass man keine greifbare Wurzel mehr findet, an der man ansetzen könnte. Es hat sich ein alles beherrschendes Netzwerk der Angst gesponnen.

In solchen Fällen sollten Sie es sich wert sein, professionelle Unterstützung in Anspruch zu nehmen. Welcher Begleiter und welche Methode für Sie die richtige ist lässt sich selbstverständlich nicht pauschal beantworten. Ich kann Sie nur ermutigen: Gehen Sie aufmerksam und mit offenem Herzen auf die Suche, versuchen Sie nichts zu erzwingen, zeigen Sie sich alternativen Wegen aufgeschlossen und folgen Sie Ihrer Intuition. Und seien Sie sich bewusst: Nur die Liebe kann Angst überwinden. Hierbei ist es oft die Selbstliebe, die zuerst erreicht werden möchte. Sie ist die Königsdisziplin, die größte Herausforderung, aber auch der Schlüssel zu allem weiteren.

Ich bin sehr dankbar dafür, dass das Leben mir stets zum richtigen Zeitpunkt die richtigen Helfer geschenkt hat. Auch weil ich in meinem Leid und meiner Verzweiflung offen dafür war. Sie erinnern sich, wie es begann? „Die spürt auch was", sagte Sabine.

Vertrauen Sie darauf: *Das Leben sorgt für uns – wenn wir es lassen!*

Die Liebe der Dualseelen

Die Liebe der Dualseelen *ist bedingungslos.* Lange habe ich geglaubt, die alltäglichen Schwierigkeiten zwischen Mara und mir, all die Missverständnisse und Verletzungen, entstünden auch, weil unsere Liebe noch nicht bedingungslos, sondern mit Erwartungen und Besitzansprüchen verknüpft sei, die es zunächst zu überwinden gelte. Ich vermutete, dass wir durch unsere Begegnung zwar *emotional,* aber – bedingt durch unser Ego – nicht bereits auch *rational* einen höheren Bewusstseinszustand erreicht hätten.

Sylvia Suckert gelingt mithilfe eines Perspektivwechsels ein ebenso einfacher wie überzeugender Nachweis, dass die Liebe zwischen Dualseelen nur bedingungslos sein *kann:*

> *Wieviel hast du schon erlebt mit deiner Dualseele? Hat deine andere Hälfte dich nicht zurückgestoßen, abgewiesen, dir auf alle nur erdenklichen Arten wehgetan, immer wieder? Hast du deswegen aufgehört, deine andere Hälfte zu lieben? Nein? Komisch, oder?*

> *Du liebst deine andere Hälfte immer noch, egal was sie dir jemals angetan haben mag. Ist das etwa nicht bedingungslos?* [123]

Das entspricht exakt unserer Erfahrung: Trotz aller gegenseitigen Verletzungen und Störfeuer des Verstandes ließ der unbändige Magnetismus zwischen Mara und mir nicht nach. Wir konnten uns nie länger ernsthaft böse sein, oft genügte ein tiefer Blick in die Augen oder eine lange, innige Umarmung, und aller Groll war verflogen.

Das Schicksal leitete im Herbst 2015 eine bedeutsame Wende ein. Zwischen mir und Mara hatte sich in der Zwischenzeit nichts Wesentliches verändert, nach wie vor befanden wir uns auf einer emotionalen Achterbahnfahrt zwischen innigster Nähe und „Wegschub-

---

[123] Suckert (2016), S. 90f.

sen". Im zweiten Teil der schamanischen Ausbildung bei Melina hatte ich eine Frau kennengelernt, deren Freundin auf ihren kleinen, einsam gelegenen Hof hin und wieder Heiler einlud, um dort Seminare und Sitzungen zu geben. In einem ihrer Flyer las ich von einem Tagesseminar über Seelenfamilien. Ich meldete mich sofort an.

Bei einem unserer nächsten Treffen erzählte ich Mara davon. Ich war gewohnt, dass sie auf solche Angebote zurückhaltend oder gar direkt ablehnend reagierte. Sie mochte ihrem „armen Mann" so etwas nicht zumuten, und außerdem war es ihr nicht recht, dass ich mit anderen Menschen über uns sprach, mich beraten und unterstützen ließ und immer mehr zu lernen versuchte. An schlechten Tagen distanzierte sie sich von meinen Heilserfahrungen mit despektierlichen Aussagen, sie „habe ja nicht auf der Pritsche gelegen", und überhaupt, sie sei „keine Dualseele". Obwohl mich das sehr verletzte gab ich nicht auf, auch wenn ich mit dem Vorschlag, das Seminar gemeinsam zu besuchen, keine ernsthafte Hoffnung verband. Er kam mir nach allem was war eher wie eine Provokation vor.

Zu meiner Überraschung schrieb sie einige Wochen später, sie habe „das zu Hause geregelt" und sich nun auch zu dem Seminar angemeldet. Ich sah darin die Chance, sie würde sich dem Thema öffnen und mutiger mit unserem Schicksal auseinandersetzen. Diese Hoffnung währte nicht lange, aber es sollte sich zeigen, dass das auch nicht der Sinn dieser Episode war. Denn an diesem Sonntag Ende November lernte ich Cora, die Gastgeberin, kennen. Eine der Übungen des Tages bestand darin, in einer Dreiergruppe die Beziehung zu einer Person unserer Wahl aufzustellen. Ich arbeitete mit Cora und Petra zusammen und stellte selbstverständlich Mara auf. Petra berichtete in der Schilderung ihrer Wahrnehmungen entzückt davon, sie habe uns zwei schweben gesehen, „wie im Himmel".

Genau unsere Worte, das wollte ich hören. Cora hielt sich allerdings auffallend zurück, und an einer Stelle entwich ihr ein wissendes, nichts Gutes ahnen lassendes „jaja".

Gleich am nächsten Tag schrieb sie mir und bat um ein Gespräch. Sie habe mir etwas Wichtiges mitzuteilen. Es wurde schnell klar, Cora und ich durchlebten gerade eine sehr ähnliche Erfahrung, hatten die gleichen Höhenflüge genossen und Täler durchlitten. Ein Heiler (nämlich Frank) hatte ihr ein Buch empfohlen, das ihr die ewigen Achterbahnfahrten und das unablässige sich im Kreis drehen erklären konnte. An diesem Tag lernte ich von Cora: Ich bin ein *„Loslasser"*, Mara ist eine *„Gefühlsklärerin"*.[124]

Ich bestellte das Buch und verschlang es. Kein Zweifel, es handelte (auch) von Mara und mir. Verbunden mit der Erkenntnis, dass all unsere Differenzen und Schwierigkeiten im Alltag schicksalhaft programmiert waren. Aber noch wichtiger war für mich zu spüren, nicht allein mit dieser Erfahrung zu sein – mit dem kleinen Unterschied, dass die „Loslasser"-Rolle ganz überwiegend *weiblich* besetzt ist.[125] Ich bin also sozusagen eine männliche „Loslasserin".

Die Rollenverteilung der Partner in einer Dualseelenbeziehung ist typischerweise dadurch geprägt, dass einer der beiden das *männliche Prinzip* der *Rationalität* überbetont lebt, der andere das *weibliche Prinzip* der *Emotionalität*.[126] Ich werde die beiden Rollen im Folgenden daher *Kopfmensch* und *Herzmensch* nennen. Bei aller aus der seelischen Einheit resultierenden Synchronizität in vielen Lebensbereichen ergibt sich hieraus eine wesentliche Differenz im Bereich der Emotionen, vor allem der Liebe. Hier könnten die beiden Duale kaum gegensätzlicher sein.

Der durch seine Gefühle geleitete, hingebungsvoll liebende Herzmensch begegnet quasi schutzlos dem seine Emotionen stark kontrollierenden, Ego-dominierten und somit nach außen orientierten Kopfmenschen, der kaum etwas an sich heranlässt, dem es schwer

---

[124] Cornelia Mroseck und Ricarda Sagehorn prägten mit ihrem Buch *Dualseelen und die Liebe* (2012) angelehnt an die jeweiligen Lernaufgaben diese Bezeichnungen der Rollen der Partner in einer Dualseelenbeziehung.
[125] gem. Sagehorn/Mroseck (2012, S. 43) zu 95%
[126] vgl. Suckert (2016), S. 95ff.

fällt, der Situation zu vertrauen und sich vollen Herzens darauf einzulassen.

Solange der Herzmensch sich völlig dem weiblichen Prinzip hingibt und seine Emotionen voll auslebt, wird dies eine grundlegende Konfliktlage provozieren. Durch die Verbindung bekommt nämlich der Kopfmensch „diese Emotionen zusätzlich zu seinen eigenen – mit denen alleine er schon nicht umgehen kann – nochmal als Paket obendrauf. Bildlich gesprochen wird die männliche Hälfte von einer Flutwelle der Emotionen mitgerissen, ohne wirklich schwimmen zu können. Was also bleibt dem armen Kerl, außer um sein Leben zu rennen und immer höhere Deiche zu bauen?"[127]

Der tiefere Sinn dieser Konstellation ist, wie das nächste Kapitel zeigen wird, durch maximale Unterschiede die größtmöglichen Entwicklungsmöglichkeiten für die Beteiligten zu generieren. Für beide geht es darum, auf dem großen gemeinsamen Lerngebiet der Emotionen und der Liebe eine Balance ihrer inneren weiblichen und männlichen Anteile zu erreichen.

Konkreter bringt dies rollenspezifische Lernaufgaben mit sich, die, angeregt durch den anderen, nur von jedem allein bearbeitet werden können: Für den Herzmenschen gilt es, gegenüber den Abgrenzungstendenzen des Duals eine gelassenere Haltung zu entwickeln, mehr bei sich selbst zu sein und nicht immer wieder krampfhaft an ihm *festzuhalten,* z. B. auf ihn zuzugehen, den Kontakt zu suchen und zu forcieren, die eigene Befindlichkeit zu offenbaren, sich zu erklären, um Verständnis zu bitten etc. Das kostet viel Energie, erzeugt Leid und *verstärkt,* wie das obige Zitat anschaulich zeigt, die Neigung des anderen sich abzuschotten nur noch, besteht doch sein Problem gerade darin, mit Gefühlen nicht umgehen zu können. Für den weiblich geprägten Part geht es daher im Kern darum, seine Verlustängste zu überwinden, zu lernen sich abzugrenzen, unabhängig zu werden, zu sich selbst zu finden, als wichtigsten Menschen des

---

[127] Suckert (2016), S. 95

Lebens anzuerkennen und auf diesem Weg Eigenliebe und Selbstbewusstsein zu entwickeln und zu festigen. Erst mit dem Loslassen eröffnet er übrigens auch dem Gegenpart den Raum, in Gang zu kommen und seine Lernaufgaben zu bearbeiten.

Für den männlich dominierten Part, den Kopfmenschen, gilt es umgekehrt, die eigenen Schutz- und Abwehrtendenzen zu überwinden und sich seiner Gefühle bewusst zu stellen, sie zuzulassen, sie ernst und wichtig zu nehmen, ihnen zu vertrauen und sich schließlich von ihnen leiten zu lassen, sie zu leben und sich somit auf eine liebevolle Verbindung hingebungsvoll einzulassen. Sein Lernweg führt über die Öffnung des Herzens und Überwindung der Angst.

Welche Lernschritte im Einzelfall besonders bedeutsam sind, ist stark von der konkreten Situation und dem Entwicklungsstand der beteiligten Charaktere abhängig. Ich selbst durfte mich vor allem mit dem Abgrenzen, Loslassen und zu mir kommen beschäftigen, während Selbstbewusstsein und Selbstliebe (zumindest in gewissen Bereichen) bereits recht ausgeprägt waren. Den wesentlichen Schritt der Überwindung der Angst durfte ich bereits sehr früh dank der Erfahrung der Unsterblichkeit der Seelen gehen.

Hinsichtlich der *Perspektiven einer Dualseelenbeziehung* besteht unter den verschiedenen Autoren keine Einigkeit. Sagehorn und Mroseck sowie Suckert sehen im beiderseits erfolgreichen vollständigen Erledigen der jeweiligen Lernaufgaben die Basis für eine gemeinsame glückliche und harmonische Zukunft, weil sich dadurch beide Dualpartner im Zuge der sich einstellenden Balance ihrer jeweiligen männlichen und weiblichen Anteile emotional weit genug aufeinander zu entwickeln, sodass sie sich in ihrer jeweiligen und gleichzeitig gemeinsamen Mitte neu begegnen können.[128] Ruzischka betont hingegen die vorrangige Bedeutung des für die gemeinsame Inkarnation geplanten Entwicklungsprozesses und gibt zu bedenken, dass

---

[128] vgl. Sagehorn/Mroseck (2012), S. 10ff., und Suckert (2016), S. 35

eine Partnerschaft diesem nicht immer förderlich sei.[129] Auch Hasselmann und Schmolke räumen ein, dass eine Trennung auf physischer Ebene nötig sein könne, wenn sie dem seelischen Wohl beider Duale diene.[130]

Aufgrund der Erfahrungen, die ich selbst machen durfte und die andere Betroffene mit mir geteilt haben, aber auch angesichts der Komplexität seelischer Beziehungen und Verabredungen im Allgemeinen, vertrete ich ebenfalls den Standpunkt, dass eine pauschale Prognose nicht möglich und auch nicht sinnvoll ist. Die nicht unübliche Argumentation, falls zwei inkarnierte Dualseelen nicht zueinander fänden liege dies lediglich daran, dass die Lernaufgaben noch nicht vollständig bearbeitet seien, erscheint mir zu einfach und kann zudem Betroffene unter einen unangemessenen Druck setzen, der wiederum zu wenig heilvollen Entscheidungen und Handlungen führen kann. Bedeutsam ist aus meiner Sicht jedoch viel mehr, die persönliche Herausforderung der Dualseelenbegegnung anzunehmen, innerlich wirken zu lassen, zu verstehen und an ihr zu wachsen – und das völlig *unabhängig* davon, wie sehr auch das Dual sich darauf einlässt.

Ein Vorteil des Herzmenschen ist, dass er der aktive Part ist und die Offenheit mitbringt, sich auf die Erfahrung einzulassen und sich ihr zu stellen, zu lernen und dazu Rat und Unterstützung anzunehmen.[131] Dies setzt Vertrauen und eine gesunde Intuition voraus, die dem Kopfmenschen aufgrund seines hochaktiven Egos zunächst nicht oder nur eingeschränkt gegeben sind. Seine überbetonte Rationalität, Schwierigkeit über Gefühle zu sprechen, Selbstzweifel, Orientierung im Außen und Angst vor Veränderung stehen ihm im Weg und verhindern einen konstruktiven und heilsamen Umgang. Er

---

[129] vgl. Ruzischka (2008), S. 37f.
[130] vgl. Hasselmann/Schmolke (2001), S. 111
[131] Sagehorn und Mroseck (2012, S. 46) bestätigen diesen Eindruck aus ihrer Beratungspraxis, in der sie fast ausschließlich (zu 90%) „Loslasserinnen" begegnet sind.

wird eher versuchen, die Situation mit sich selbst auszumachen, was in Isolation und Verdrängung münden kann.

Mir ist an dieser Stelle wichtig zu verdeutlichen, dass nicht nur für den Herzmenschen, sondern auch für den Kopfmenschen die Begegnung mit der Dualseele und alles damit Verbundene einen hochemotionalen, *existenziellen Leidensprozess* auslöst. Allerdings auf andere Weise: Während der weibliche Part droht, sich in der Sehnsucht nach Verschmelzung zu verlieren, sind es beim männlichen Part die innere Gefangenheit und die Unfähigkeit, die Situation vertrauensvoll anzunehmen sowie Emotionen zuzulassen und zu erwidern, die ihn quälen. Denn *auch sein Herz* kennt die volle Wahrheit, sehnt sich nach der Vereinigung mit dem Dual und wird angesichts der vom Ego provozierten angstvollen Zweifel und Bedenken samt der sich daraus ergebenden Tendenz der Negation, Ablehnung und Abschottung rebellieren. Hier liegt aber auch seine große Chance: Wer auf die Weisheit des Herzens zu vertrauen lernt, dem tun sich Wege auf, es mehr und mehr zu öffnen und sein Verhältnis zum Verstand zu harmonisieren.

Meine persönliche Erfahrung lautet:

Öffne dich vertrauensvoll, und das Leben wird dich beschenken.

Und ich möchte Sie, egal ob Sie sich in einer ähnlichen Situation befinden oder aus anderen Lebenserfahrungen heraus den Drang nach einer Vertiefung Ihres Bewusstseins und Veränderung spüren, dazu ermutigen. Denn *Sie sind nicht allein!*

[Exkurs 6] Dualseelen – eine karmische Liebe?

Ihnen wird aufgefallen sein, dass ich den Begriff *Dualseele* im Untertitel des Buches und vor allem mit dem letzten Kapitel quasi schleichend eingeführt habe, ohne ihn zu erklären und explizit zu begründen, wie ich zu der Überzeugung komme, dass Mara und ich Dualseelen sind. Dies ist meinem Anliegen geschuldet, *induktiv* zu erzählen, also ausgehend von meinen Erfahrungen zu allgemeinen, belegbaren Erkenntnissen zu gelangen. Als Nachweis der Dualseelenverbindung wird ihnen vielleicht bereits die Auflistung der Symptome im Kapitel *Was ist das nur mit uns?* sowie die Darstellung der Rollen und Konflikte in einer Dualseelenbegegnung vor dem Hintergrund meiner wenn auch nur angedeuteten Schilderungen der Erlebnisse mit Mara hinreichend erscheinen.

Die Erläuterung der übergeordneten Zusammenhänge soll nun erfolgen. Ich beziehe mich dabei wie bereits im Exkurs *Das Leben der Seelen*, in dem es allgemeiner um die Welten der Seelen und das Abenteuer der Inkarnation geht, auf die Bücher von Varda Hasselmann und Frank Schmolke, Sandra Ruzischka und ergänzend auf die bereits vor kurzem zitierte Sylvia Suckert.

Ich habe dort bereits die verschiedenen Verwandtschaftsgrade im Kontext des Inkarnationszyklus, nämlich Seelenfamilie, Seelensippe und Seelenstamm, dargestellt (vgl. zusammenfassend Abb. S. 50). Im Rahmen der Seelensippe existieren nach Hasselmann und Schmolke noch vier ganz besondere Seelenverwandte, sogenannte „*Ewige Beziehungen*", die uns „über alle Zeiten und Entwicklungsphasen hinaus begleiten", nämlich der *Ewige Zwilling (Die Dualseele)*, der *Ewige Freund*, der *Ewige Verbündete* und der *Ewige Lehrer bzw. Schüler*.[132] Ich werde meine Ausführungen auf die Dualseele beschränken.

Dualseelen bzw. Zwillingsseelen entstehen aus der Teilung einer Seele, sind also zwei Hälften ein und derselben Seele. Diese beiden Seelen

---

132 Hasselmann/Schmolke (2001), S. 101, eigene Hervorhebung

enthalten die gleiche Essenz, weisen also eine völlig identische Struktur auf.[133] Dieser Vorgang ist vergleichbar mit dem aus der Biologie bekannten Phänomen der Zellteilung, bei dem aus einer Mutterzelle zwei oder mehrere genetisch völlig identische Tochterzellen hervorgehen.

Hierbei ist es wichtig, den Begriff Hälften nicht misszuverstehen: Jede der beiden entstehenden Seelen ist nämlich an sich vollständig und autark. Allerdings bilden sie „zusammen ein gemeinsames Größeres ihrer selbst. Sie ergänzen sich auf eine Art und Weise, die (...) sie wieder zu ihrem ursprünglichen Sein zurückbringt. Sie sind zwei, die [auf energetischer Ebene] *Eins* sind."[134]

Dualseelen sind im Rahmen des Inkarnationszyklus in benachbarten Seelenfamilien innerhalb einer Seelensippe beheimatet.[135] Die weitgehend analog[136] verwendeten Begriffe Zwillingsseele und Dualseele beleuchten verschiedene Aspekte dieser ewigen Verbindung:

Der Begriff *Dualseele* betont den Aspekt der Gemeinsamkeit. Beide Seelen stehen unabhängig von den Welten, in denen sie sich gerade befinden, z. B. durch Träume, Telepathie oder Gedankendopplung in ständiger mentaler Verbindung.[137] Es findet ein permanenter Informationsaustausch auf allen Ebenen statt, der sich besonders klar gestaltet, wenn *nicht beide* Seelen inkarniert sind; andernfalls kann er durch weltliche Einflüsse (insbesondere des Ego) beeinträchtigt werden. Somit lebt auf energetischer Ebene der eine stets das Leben des anderen mit und umgekehrt, beide profitieren gegenseitig von ihren Erfahrungen. Hierdurch entsteht auch bei einer Begegnung im

---

[133] vgl. Ruzischka (2008), S. 22

[134] Ruzischka (2008), S. 23, eigene Hervorhebung. Auch hier wird das Prinzip der *Synergie* nach Haken angesprochen.

[135] vgl. Hasselmann/Schmolke (2001), S. 112

[136] Die Analogie wird von allen hier primär zum Thema Seele herangezogenen Autoren bestätigt, vgl. Hasselmann/Schmolke (2001), S. 103, Ruzischka (2008), S. 22, Suckert (2016), S. 29. Sagehorn und Mroseck (2012) widersprechen dieser Auffassung und schlagen eine eigene Differenzierung vor (vgl. ebd., S. 21ff.).

[137] vgl. Hasselmann/Schmolke (2001), S. 103

Rahmen einer Inkarnation eine unvorstellbare *Transparenz*; Dualseelen kennen sich durch und durch, verstehen und durchschauen sich zutiefst, können nichts voreinander verbergen.[138]

Dualseelen sind – nicht nur sprichwörtlich! – „Ein Herz und eine Seele", zwischen ihnen schwingt die *reinste Liebe und Sehnsucht nach der Seele des anderen und Verschmelzung der beiden Seelenteile zum eigentlichen Einen, das sie sind.* Der in der astralen Welt selbstverständlichen Verschmelzung zu einem Größeren ihrer selbst sind in der physischen Welt der Trennung jedoch klare Grenzen gesetzt, sodass die beschriebene Sehnsucht ein Phänomen der gemeinsamen Inkarnation ist und dort emotional voll zum Tragen kommt, sobald die Herzen sprechen dürfen.[139]

Der Begriff *Zwillingsseele* betont hingegen – sich auf das Bild *zweieiiger* Zwillinge beziehend – mehr den die Beziehung besonders intensiv machenden *Spannungsreichtum* und verweist damit auf den Sinn ihrer irdischen Begegnung, nämlich die geistig-seelische Entwicklung des anderen (und damit auch die eigene) permanent intensiv zu fördern. Wie auch die Mitglieder der Seelenfamilie treffen Dualseelen dazu im Vorfeld einer Inkarnation gezielte und konkrete Verabredungen.[140]

Auch wenn (oder gerade *weil*) in der gemeinsamen Inkarnation die mystische Erfahrung emotionaler Identität allgegenwärtig ist, ist es den beiden Seelen in der polaren physischen Welt wichtig, ihre Individualität zu behaupten, ihre Eigenständigkeit zu manifestieren.[141]

In dem Streben, sich gegenseitig zu vervollkommnen, prägen fruchtbare Konflikte und Auseinandersetzungen die Beziehung. Denn diese bieten den Seelen bekanntlich das allergrößte Entwicklungspotenzial. Dualseelen fordern sich daher „gegenseitig um ihr Wachs-

---

[138] vgl. Hasselmann/Schmolke (2001), S. 105f.
[139] vgl. Ruzischka (2008), S. 23 und S. 30f.
[140] vgl. Hasselmann/Schmolke (2001), S. 104f.
[141] vgl. Hasselmann/Schmolke (2001), S. 107

tum zu fördern ständig bewusst oder unbewusst in extremer Weise heraus."[142] Ihre Verbindung gestaltet sich äußerst kräftezehrend und bringt beide an ihre Grenzen. Die gegenseitige Spiegelung ihrer Schattenseiten birgt ein unvergleichlich großes Potenzial, sie einander nahezubringen und ganz werden zu lassen.[143]

Wesentlich ist dabei:

- ☯ Niemand kennt den anderen energetisch – insbesondere im Hinblick auf seine Schatten, also die verdrängten, ungel(i)ebten Anteile – so gut wie die Dualseele, sodass durch sie die wahren Kernthemen des anderen so gezielt und effektiv wie durch niemanden sonst hervorgeholt werden können.

- ☯ Gleichzeitig ist die Verbindung so sehr von reinster Liebe gefestigt, die Sehnsucht nach vollständiger Vereinigung so ewiglich prägend, dass sie *alles*, auch die schlimmsten vorstellbaren Erfahrungen, übersteht. Jeder Konflikt, der gemeinsam bewältigt wird, festigt die Bindung noch mehr.[144]

Dualseelen sind weder identisch noch vollkommen unterschiedlich, sie sind *komplementär*, sich absolut *ergänzend, vervollständigend*. „Ihre Seelenmuster sind besonders dann, wenn sie – was in jedem Entfaltungszyklus bis zu sieben Mal vorkommt – sich in ihrer Körperlichkeit begegnen, so verschieden wie nur möglich, damit sie ihre unterschiedlichen Anteile zu einer weitestgehend kompletten Einheit vervollständigen und ergänzen können."[145] Diese Vorstellung kommt im höchsten kosmischen Prinzip des *Daoismus*[146], dem *Tàijí*,

---

[142] Ruzischka (2008), S. 50
[143] vgl. Ruzischka (2008), S. 37
[144] vgl. Hasselmann/Schmolke (2001), S. 103f.
[145] Hasselmann/Schmolke (2001), S. 108
[146] Der Daoismus (übersetzt „Lehre des Weges", auch Taoismus) ist eine chinesische Philosophie und Weltanschauung und wird als Chinas eigene und authentische Religion angesehen. Seine historisch gesicherten Ursprünge liegen im 4.

zum Ausdruck. Es versinnbildlicht die Einheit der *komplementären Polaritäten*, ganzheitlich betrachtet also die sich ergänzenden Gegensätze des *Yīn und Yáng*. Demnach stehen alle Dinge in der Welt der Erscheinungen letztendlich in Harmonie, und auch scheinbare Gegensätze gehen aus demselben Urgrund hervor.[147] *Polarität* bedeutet somit: Alles im irdischen Leben spielt sich zwischen zwei strukturell identischen, aber gleichzeitig in ihrer charakterlichen Ausprägung diametral gegensätzlichen Extremen ab, in Form zweier eigenständiger, aber sich wie ein aus nur zwei Teilen bestehendes Puzzle ergänzender Größen, die sich gegenseitig bedingen, untrennbar miteinander verknüpft sind und ohneeinander nicht wären, z. B. Licht und Schatten, Ebbe und Flut, Geburt und Tod, Gesundheit und Krankheit, Liebe und Angst, Wärme und Kälte, Einatmen und Ausatmen, Geben und Nehmen, *Mann und Frau.*[148] Zhang beschreibt das Tàijí-Symbol als Ausdruck einer *dynamischen Balance*, die er in der Harmoniepyramide als Wegbereiter eines *kohärenten und harmonischen Zustands* sieht.[149]

Die Symbolik der zwei Punkte deutet auf einen weiteren wesentlichen Aspekt der gemeinsamen Inkarnation von Dualseelen hin: Jede der beiden trägt auch gewisse energetische Anteile der anderen, also weibliche bzw. männliche Anteile, in sich. Durch das somit vorhandene hohe Potenzial gegenseitigen Verständnisses wird die Erfahrung der Feinheit der Abstufungen zwischen den Polen besonders gut ermöglicht, und gerade hierin liegt eine besonders große Chance auf Wachstum und Entwicklung.[150]

Jahrhundert v. Chr., als das *Tao te King* des *Laotse* entstand. Vgl. https://de.wikipedia.org/wiki/Daoismus, Aufruf 31.05.2020.

[147] vgl. https://de.wikipedia.org/wiki/Taiji_(chinesische_Philosophie), Aufruf 17.04.2019. Hierzulande ist die Schreibweise Tai-Chi geläufig.

[148] vgl. https://de.wikipedia.org/wiki/Polarität_(Philosophie), Aufruf 03.01.2019

[149] vgl. Zhang (2010), S. 206f.

[150] vgl. Ruzischka (2008), S. 24

Hasselmann und Schmolke zitieren „die Quelle" mit der folgenden Metapher für den gemeinsamen Entwicklungsprozess der Dualseelen:

> *Die Wege von Seelenzwillingen verlaufen stets parallel. Jede einzelne liebesfördernde, bindende Auseinandersetzung ist wie eine fest verschraubte Schwelle, die die beiden Schienenstränge fest miteinander verbindet und von Leben zu Leben durch alle Existenzen eine gemeinsame Richtung vorgibt.* [151]

Finden Dualseelenbegegnungen offenen Herzens statt, bergen sie ein unermesslich großes gemeinsames Potenzial des Wachstums und der Entwicklung des Bewusstseins. Sehr früh sprachen Mara und ich auch ohne all dieses Wissen über unsere intuitive Überzeugung, viel voneinander lernen zu können und miteinander wachsen zu dürfen.

Diese offene Vertrautheit beruht darauf, dass Dualseelenbegegnungen von der Energieebene der *Expression*, des Ausdrucks, geprägt sind, verbunden mit der Energieform des Wirkens.[152] Daraus entspringt eine intensive Kommunikation, die sehr schnell in für beide konstruktive, ihre Entwicklung fördernde Erkenntnisprozesse münden kann. Auf der Expressionsebene treffen übrigens die Archetypen des Weisen und des Künstlers (sic!) zusammen.[153]

Das große, weit über die Paarbeziehung hinausgehende Potenzial einer Dualseelenbegegnung im Hinblick auf den Prozess der Bewusstwerdung der gesamten Menschheit fasst Sylvia Suckert in Worte:

„Immer mehr Dualseelen haben sich in den letzten Jahren gefunden und befinden sich auf dem letzten Stück ihres Weges zur Wiedervereinigung. Die wiedervereinigten Seelen haben eine dermaßen hohe Vollkommenheit und eine solch hohe spirituelle Ebene erreicht, dass

---

[151] Hasselmann/Schmolke (2001), S. 105
[152] vgl. Hasselmann/Schmolke (2001), S. 102
[153] vgl. Hasselmann/Schmolke (2001), S. 42

es ihre Aufgabe ist und sein wird, den Menschen, die noch nicht so weit sind, im neuen Zeitalter durch ihr Beispiel den Weg zu zeigen."[154]

Sandra Ruzischka zeigt allerdings auf, dass es hinsichtlich der Synchronizität der Entwicklung auch scheiternde Inkarnationen geben kann:

> *Dualseelen begegnen sich, um sich gegenseitig in ihrer Entwicklung zu unterstützen und sie voranzutreiben. Wenn sich beide Teile dafür öffnen, ist das unbeschreiblich schön und fruchtbar, wenn auch mit viel energetischer Arbeit verbunden. Dann haben die Dualseelen gemeinsam einen sehr hohen Energie-Level und können vieles erreichen, das alleine unmöglich oder sehr schwierig wäre. Sie können zusammen das Universum im Sturm erobern. Wenn beide ein Hoch haben, ist es unbeschreiblich, was alles geschehen kann. Es ist wie ein Wunder, welche Tore sich öffnen und beide Duale einladen in ein Abenteuer aus Licht, Liebe und Energie.*
> *Wenn aber eine 'Hälfte' ein Tief hat oder sich in ihrer Entwicklungsphase verschließt, dann ist das für die andere 'Hälfte' unbeschreiblich hart. Auch das ist mit nichts anderem zu vergleichen und bedeutet tiefen Schmerz.* [155]

Und Rüdiger Schache ergänzt:

> *So schlimm sich das für den Betroffenen auch anfühlt, ist es dennoch kein Fehler im System der Seelen und auch kein Fehler in diesem Leben. Das Universum macht keine Fehler. Ein unfreies Herz an Ihrer Seite wird weder Sie noch den anderen glücklich machen. Also muss der andere vielleicht noch eine Weile oder sogar dieses Leben lang einem anderen Versprechen oder einer anderen Verantwortung nachkommen. Aus Seelensicht erschafft jedoch genau dieses Opfer auf anderer Ebene die lang ersehnte Freiheit.* [156]

---

[154] Suckert (2016), S. 36
[155] Ruzischka (2008), S. 36
[156] Schache (2018), S. 103f.

Ich möchte nun auf die Frage eingehen, ob es sich bei Dualseelenbeziehungen um *karmische* Verbindungen handelt, da auch diese in der Fachliteratur kontrovers diskutiert wird und die Beschäftigung damit weitere vertiefende Einblicke in die Thematik bietet. Die Antwort ist stark davon abhängig, was genau man unter Karma versteht.

कर्म

Der Begriff aus dem Sanskrit bedeutet wörtlich übersetzt das Wirken, die Tat.[157] In der hinduistischen und buddhistischen Inkarnationslehre vermittelt er, vereinfach dargestellt, dass jede Handlung und jeder Gedanke eine Wirkung hat, die im derzeitigen Leben oder in einer kommenden Inkarnation nach Ausgleich verlangt. In unserem Verständnis ist der Begriff inzwischen oftmals im Sinne des Ausgleichs einer „Schuld" negativ konnotiert. Ursprünglich beschreibt er jedoch, ganz im Sinne des entsprechenden hermetischen Prinzips, neutral den Zusammenhang von *Ursache und Wirkung* über die begrenzte zeitliche Perspektive eines Lebens hinaus.

Mroseck und Sagehorn begründen auf der Basis dieses weit gefassten Verständnisses den ihrer Ansicht nach karmischen Charakter der Dualseelenverbindung mit dem Verweis auf die Tatsache der hochgradig konflikthaften Interaktion, die permanent Ursachen und Wirkungen hervorbringe, welche das Lernen und die Weiterentwicklung beider ermöglichen – aufgrund der besonderen Intensität der Dualseelenverbindung natürlich besonders stark ausgeprägt.[158]

Lehrreiche, konflikthaltige Interaktion findet allerdings (wenn auch oftmals nicht so intensiv) in vielen irdischen Begegnungen statt, unabhängig vom seelischen Verwandtschaftsgrad der Beteiligten. Somit wäre das Vorhandensein von Karma zumindest kein *spezifisches* Merkmal einer Dualseelenverbindung.

---

[157] vgl. https://de.wikipedia.org/wiki/Karma, Aufruf 03.01.2019
[158] vgl. Sagehorn/Mroseck (2012), S. 19f.

Sowohl Ruzischka als auch Hasselmann und Schmolke widersprechen der These, Dualseelenverbindungen seien karmischer Natur, auf der Basis eines jeweils engeren Verständnisses von Karma.

Ruzischka differenziert zwischen Karma und Konflikten und betont, dass Karma aus dem Ego, nicht aber aus Liebe entstehe. Ihre absolut liebevolle Verbundenheit schließe somit die Entstehung von Karma zwischen Dualseelen aus. Zudem deutet sie mit Verweis auf die energetische Einheit der Dualseelen darauf hin, dass man kein Karma *gegen sich selbst* erschaffen könne.[159] Den Begriff Karma akzeptiert sie in diesem Kontext allenfalls in der Variante eines „geplanten Karmas" im Sinne von Seelen gemeinsam im Vorfeld einer Inkarnation verabredeter Lebenskrisen.[160]

Hasselmann und Schmolke bevorzugen mit Verweis auf „die Quelle" ein noch engeres Verständnis des Karma-Begriffs, demgemäß „Karma, also die Notwendigkeit eines Ausgleichs in einem späteren Leben, nur dann nötig ist, wenn ein Mensch einem anderen aus angstvoll böser Absicht die Möglichkeit genommen hat, seinen seelischen Lebensplan auszuführen. Dies kann ein Mord sein oder eine schreckliche Folter, die einen Menschen zum psychischen Wrack macht."[161]

In ihrer Systematik seelischer Verwandtschaften unterscheiden sie vor allem anhand der zwei Merkmale Dauerhaftigkeit und Grundschwingung explizit zwischen *karmischen Verstrickungen* und *ewigen Zwillingen*, den Dualseelen: Eine karmische Verstrickung ist nicht zwangsläufig *ewiglich* angelegt, mit dem Auflösen des Karmas kann die gemeinsame Inkarnationsetappe abgeschlossen sein. Und während die Grundschwingung einer Dualseelenverbindung durch die reine Liebe, Einheit und Sehnsucht nach Verschmelzung bestimmt ist, ist eine karmische Verstrickung von extrem *ambivalenten*

---

159 vgl. Ruzischka (2008), S. 40
160 vgl. Ruzischka (2008), S. 53f.
161 Hasselmann/Schmolke (2001), S. 90

Gefühlen geprägt, sie oszilliert im Spannungsfeld zwischen Anziehung und Abstoßung, Faszination und Panik, Liebe und Hass.[162]

Jede der drei Haltungen ist angesichts der jeweils zugrunde gelegten Definition von Karma nachvollziehbar und enthält in Bezug auf die Thematik einleuchtende Aspekte.

Mich persönlich haben angesichts meiner Erfahrungen mit Mara die zuletzt dargestellte Unterscheidung zwischen Dualseelen und karmischen Verstrickungen nach Hasselmann und Schmolke sowie der Verweis auf die Verantwortlichkeit des Ego für die Entstehung von Karma von Ruzischka am stärksten angesprochen, da sie mir die Augen im Hinblick auf die Differenzierung von Seelenbeziehungen hinsichtlich ihrer Struktur und ihres Sinnes und folglich auch auf die Qualität meiner Beziehung zu Mara weiter geöffnet haben. Ich selbst war mir nämlich zunächst nicht absolut im Klaren, ob es sich bei Mara und mir nicht doch um eine karmische Verstrickung anstatt einer Dualseelenbeziehung handelt. Denn aus der Not der Selbstbehauptung und des Selbstschutzes heraus entstanden bei uns beiden immer wieder innerlich auch Tendenzen der Ablehnung und Herabsetzung des jeweils anderen. Dies geschah aber – und das ist das Entscheidende – nicht *aus dem Herzen* heraus und war somit kein Ausdruck unseres wahren Selbst, sondern hervorgerufen durch das Ego, das mit Ablehnung und Distanzierung auf die eigens erzeugten Frustrationen über die alltäglichen Schwierigkeiten reagierte.

Letztlich ist es für den Gesamtzusammenhang meines Erachtens nicht von maßgeblicher Bedeutung, ob man der Beziehung von Dualseelen den Begriff Karma zuschreiben möchte oder nicht. Denn es handelt sich letztlich auch bei dieser Diskussion einmal mehr um den zum Scheitern verurteilten Versuch zur vollständigen Beschreibung höchst komplexer Realität, in diesem Zusammenhang sogar einer Realität jenseits von Raum und Zeit. Entscheidend ist hingegen, und darin sind sich alle Quellen uneingeschränkt einig, dass extreme

---

[162] vgl. Hasselmann/Schmolke (2001), S. 90ff.

Konflikte und Herausforderungen ein wesentliches Merkmal jeder Dualseelenbegegnung auf der Bühne der physischen Welt sind.

Ich möchte auf der Basis meiner Erfahrungen in diesem Zusammenhang die These vorschlagen, dass Karma in *indirekter* Weise für die Qualität der Interaktion zweier inkarnierter Dualseelen eine wesentliche Bedeutung haben kann, nämlich dann, wenn eine karmische Verstrickung (in der Abbildung durch die Kette symbolisiert) zwischen einer der Dualseelen (DS) und einer *dritten* (ebenfalls inkarnierten) beteiligten Seele (X) besteht.[163]

Hieraus kann sich ein starker Einfluss auf den Umgang der Duale miteinander ergeben, beispielsweise weil ihre Begegnung Ängste, die aus der karmischen Verstrickung resultieren, ins Extreme zuspitzt und die betroffene Person geistig blockieren lässt, möglicherweise so sehr, dass bereits das *(An-)Erkennen* des Duals verhindert wird. Es ist ebenso möglich, dass sie sich unbewusst den Umgang mit der Dualseele verbietet, etwa weil er unvereinbar mit einem einstigen *Versprechen oder Gelübde* gegenüber der karmisch verstrickten Seele ist.[164]

---

[163] Die Symbole der Geschlechter in der Abbildung beziehen sich auf die verstärkt gelebten Anteile, und somit nicht zwangsläufig auf das tatsächliche Geschlecht der die Seele beherbergenden Personen. Ich sehe den Kopfmenschen in diesem Kontext als Inhaber der mittleren Position, da gerade er stark vom Ego dominiert und somit anfällig für Ängste, Abhängigkeit und Labilität ist, allesamt Aspekte, die wiederum wesentlich für die Energien karmischer Verstrickungen sind.
[164] Eine Bestätigung dieser These findet sich in dem Schache-Zitat auf S. 119.

Ruzischka erläutert die fatale Wirkung von *Schwüren und Gelübden* „auf immer und ewig" im Kontext der von ihr definierten Kategorie „Karma aus Ego-Gründen", nämlich dass sie bei der nächsten Begegnung in der physischen Welt *genau die gleiche* schwierige Situation erzeugen aus der heraus sie entstanden sind, was den erforderlichen karmischen Ausgleich verhindert.[165]

Insbesondere auf der zuvor erläuterten These beruht meine offene Haltung im Hinblick auf die Perspektiven einer Dualseelenbeziehung (vgl. S. 111). Denn in den soeben beschriebenen Fällen ist eine gemeinsame Zukunft der Dualpartner auf Erden nicht ohne Weiteres denkbar. Man kann natürlich mit Recht argumentieren, genau diese kritische Situation und schmerzhafte Konsequenz seien im Vorfeld der Inkarnation verabredet worden. Umgekehrt ist es jedoch auch durchaus vorstellbar, dass die Dualseele ein hilfreicher Begleiter und Unterstützer bei der Lösung einer karmischen Verstrickung sein kann. Beides und mehr ist möglich, auf den Seelenplan kommt es an. Ihn gegen den Widerstand des Ego zu verwirklichen braucht Vertrauen – und Mut zur *Veränderung*.

Hinsichtlich des großen Themas Veränderung, das ich hier nur in Form einer kleinen Collage beleuchten möchte, sind für mich zwei Erkenntnisse von grundlegender Bedeutung:

1. *Es gibt zwei wesentliche Antriebe für Veränderung:*
   Den edlen der Erkenntnis und den bitteren des Leides.

2. *Du kannst Veränderung nicht verhindern,*
   aber du kannst sie gestalten.

In beiden Aspekten konkretisiert sich das *Prinzip der Polarität* in Form des Unterschiedes zwischen einem angstvollen, selbstdestruktiven Opfer-Dasein und einem erfüllten Leben in Frieden und Einheit mit sich selbst.

---

[165] vgl. Ruzischka (2008), S. 59

Leben ist Veränderung.

Charles Darwin

Was wirklich zählt ist nur das, was zu ändern ist.

Heinz Rudolf Kunze[166]

Wenn der Wind der Veränderung weht,
bauen die einen Mauern
und die anderen Windmühlen.

Chinesische Weisheit

Die reinste Form des Wahnsinns ist es,
alles beim Alten zu lassen und gleichzeitig
zu hoffen, dass sich etwas verändert.

unbekannter Autor[167]

---

[166] Zitat aus *Was wirklich zählt*, veröffentlicht auf dem Album *Brille*, WEA 1991
[167] frei übersetzt nach Narcotics Anonymous. Approved Literature – 12 Steps and 12 Traditions, Second Edition, Chatsword 1982, S. 21

Loslassen

Gemäß dem Prinzip der Polarität schwangen Mara und ich gleichzeitig in völliger Einheit und absolutem Widerspruch. Wir konnten nicht miteinander, aber erst recht nicht *ohne*einander. Der Dualpartner legt um der beiderseitigen Entwicklung Willen den Finger in unsere tiefsten und schmerzhaftesten Wunden, spiegelt uns unsere tiefsten Abgründe, konfrontiert uns mit unseren Schatten und zerrt die verdrängten Anteile auf unerbittliche, schonungslose Weise ins Licht. Ein besonders guter Indikator für unsere größten Baustellen ist dabei der Grad des Widerstandes und der Ablehnung, mit dem wir auf bestimmte Themen reagieren. Ein solches zwischen Mara und mir stehendes Thema hieß *Veränderung*. Sie baute Mauern, ich Windmühlen.

Wie geht man mit all diesen Erkenntnissen um? Man kann sie negieren und, bestärkt durch den Schmerzkörper, auf der Stufe der Leidenserfahrung verharren, die Schwierigkeiten des Alltags verabsolutieren und unter ihrer Last der Verbindung nach und nach jegliche heilige Dimension absprechen, sie und alles Wissen um die Wege der Seelen ignorieren, anzweifeln oder verdrängen. Ein geeigneter Weg für alle, die sich in der Opferrolle gefallen und demgemäß in Frustration, Unglück und Verbitterung enden mögen. Die Alternative lautet: „Nimm es an, und mach das Beste daraus."

Dennoch, die neuen Einsichten über die Hintergründe und den Sinn einer Dualseelenbegegnung hinterließen, trotz aller Bestätigung dessen, was ich erlebte und fühlte, in mir einen faden Beigeschmack. Ich *hatte* doch bereits so viel erduldet und gelitten, vom Schicksal großartige Helfer zur Seite gestellt bekommen und wichtige Schritte gemacht, viel gelernt und wähnte mich zusammen mit Mara auf einem guten Weg, auf dem ich auch schon beträchtlich vorangekommen zu sein glaubte. Nun galt es aber, *Lernaufgaben* anzunehmen und zu meistern, denen ich mich bisher noch nicht gestellt oder die ich verdrängt hatte. Vor allem *eine*.

Wenn du loslässt, hast du zwei Hände frei.

Chinesische Weisheit

Loslassen ist angezeigt, wenn sich ein Zustand verfestigt hat und sich keine Perspektive einer Veränderung in Richtung des Weges des Herzens zeigt. Denn oftmals ist genau das *krampfhafte Festhalten*, das ja bereits an sich ein sehr statischer Akt ist, die Ursache für diesen Stillstand. Rüdiger Schache nennt als die zwei größten Hinderungsgründe des Loslassens die (Verlust-)Angst und die *Hoffnung*, die er in diesem Kontext als passiven Zustand und eine Form von Illusion charakterisiert. Erst mit ihrem Loslassen werde man frei für die Wahrheit und neue Wege.[168]

Dank Cora lernte ich Ende Februar 2016 Frank kennen. Er hat die wundervolle Gabe, Menschen auf eine ganz eigene Art von Fremdenergien zu befreien. Dabei führt er einen offenen Dialog mit ihrer Seele. Meiner Familie und einigen Freundinnen habe ich ihn vorgestellt und durfte auch bei ihren Sitzungen dabei sein. Mich hat immer wieder beeindruckt und überzeugt, welche Wahrheiten Frank, ohne dass diese im Vorgespräch auch nur andeutungsweise zur Sprache gekommen waren, zu Tage förderte. Bei ihm habe ich viel geweint und viel gelacht. Er ist mir ein wundervoller Freund, Begleiter und Lehrer auf dem Weg zu Erkenntnis und Bewusstsein. Ich kann mich gut an die erste Sitzung mit ihm erinnern: Sie begann mit einem sich vielfach wiederholenden „Nicht deins, nicht deins, nicht deins ...", und später fiel in einer Mischung aus Erleichterung und Erstaunen die mich sehr berührende Aussage „Die Flügel sind noch dran!".

Die Arbeit mit Frank führte mir vor Augen, was zwischen Mara und mir zunehmend geschah. Ohne dass es ihr bewusst war, geschweige denn sie eine Absicht damit verband, übertrug sie wieder und wieder negative Energien auf mich, machte mich zur *Projektionsfläche* ihrer Ängste, Frustrationen und Leiden.

---

[168] vgl. Schache (2018), S. 67f.

Das entsprach oftmals meinem Empfinden. Gemeinsame Höhenflüge entpuppten sich im Nachhinein mitunter als energetisch einseitig: Während Mara glückselig vom „Auftanken" schwärmte, fühlte ich mich wie leergesogen, und das nicht erst sobald ich spürte, einmal mehr „weggeschubst" worden zu sein. Immer öfter hörte ich meine innere Stimme sagen „ich kann nicht mehr, ich will das nicht mehr", und einige Male sagte ich ihr das auch.

Das energetische Band zwischen uns war so stark, dass es mir zunächst trotz großartiger Unterstützung nicht gelang, mich effektiv vor diesen (von Mara selbstverständlich nicht beabsichtigten) energetischen Übergriffen zu schützen, so sehr ich daran arbeitete.

Der Herbst war eine Jahreszeit, in der sich unser Miteinander traditionell besonders schwierig gestaltete, weil die Umstände sich in mancherlei Hinsicht analog zum Tageslicht verfinsterten. Im Winter 2016/17 reifte in mir die schon lange schwelende Ahnung zur Gewissheit, dass all meine Bemühungen, Mara von der Bedeutung und Schicksalhaftigkeit unserer Verbindung zu überzeugen, ins Leere liefen, in ihr sogar in der Bilanz mehr Widerstand und Verdrängen als Überzeugung weckten. Diese konnte nur aus ihrem Inneren kommen, was ihre eigene Erlaubnis im Sinne einer bewussten *Selbstermächtigung*[169] vorausgesetzt hätte. Ihr Ego führte jedoch die Regie. Ihr Denken und Fühlen war so sehr von Ängsten und Selbstzweifeln durchdrungen, dass sie vor den äußeren Einflüssen kapitulierte, sich unterwarf und opferte. Mir wurde bitter klar, sie würde niemals zu mir stehen können, mich im Zweifelsfall „fallen lassen wie eine heiße Kartoffel".

Ich konfrontierte sie mit dieser bitteren Ahnung und sie widersprach mir nicht, erschrocken und beschämt über sich selbst, weil sie sich das nie zuvor bewusst eingestanden hatte. Ich musste also mit dem denkbar Schlimmsten rechnen, nämlich von ihr *verraten* zu werden. Einige Wochen später brachte ich den Mut und die Kraft auf,

---

[169] vgl. Heede (2015)

mich vorerst von ihr zu verabschieden. In Liebe, und nicht ohne ihr deutlich zu machen, wie sehr ich mir wünschte, jeder von uns möge die Zeit der Trennung nutzen, zu sich zu finden und sich zu entwickeln, sodass wir irgendwann die Chance eines Neubeginns hätten. Ich gab ihr sogar die Kontaktdaten eines meiner Heiler mit auf den Weg, in der Hoffnung auf ihre Bereitschaft, sich auf ihn einzulassen, anzunehmen und Veränderungen zuzulassen, verbunden mit dem Ziel, sich selbst lieben zu lernen und aus dem Käfig der selbst auferlegten Beschränkungen und Verbote zu befreien. Doch sie wusste damals bereits: „Wir werden uns nun *sehr lange* nicht sehen.“

Das war am 11. Februar 2017, auf den Tag genau 11 Monate, nachdem wir uns schon einmal unter Fluten von Tränen vorläufig voneinander getrennt hatten; schon damals war überdeutlich das Symbol der Sackgasse zu uns gekommen. Seit diesem Samstag im Februar 2017 haben wir nicht mehr miteinander gesprochen.

Bei meiner nächsten Sitzung mit Frank kam alles auf den Tisch: Sie begann mit einem minutenlangen, sich fast ewig wiederholenden „So ist er nicht, so ist er nicht, so ist er nicht, ...“. Und schließlich zitierte die geistige Welt ihren verzweifelten Wunsch „Wäre ich *dem* bloß niemals begegnet!“. So hart das klang, es überraschte mich nicht, sondern passte zu meinem Empfinden und zeigte mir, dass ich gut daran tat, loszulassen. Frank formulierte es wesentlich drastischer: „Zieh dich zurück, sonst saugt sie dich leer!“

Mehrfach träumte ich, ungebetener Gast in ihrem Haus (das optisch wie aus einem Musterhauskatalog erschien) zu sein, anwesend, teils gar in meinem Versteck entdeckt, aber dennoch nicht wahrgenommen. Bei einer Hypnosesitzung Ende Mai 2017 wurde ich in eine gut 100 Jahre vergangene gemeinsame Inkarnation zurückgeführt, die mir die seelische Konstellation der (damals wie heute) Beteiligten und somit die Ursachen und das Ausmaß von Maras Ängsten und meines Schmerzes klar vor Augen führte und letztlich die Erklärung lieferte, warum es ihr jetzt und hier nicht möglich war, ja zu „UNS“ zu sagen und zu unserer Liebe zu stehen.

Es gab einige ferne Begegnungen, distanziert und ernüchternd. Ein Sturmschaden sorgte beispielsweise dafür, dass wir bei einem Konzert aufeinandertrafen. Die Band hatten wir gut ein Jahr vorher *zu zweit* gesehen und gehört. Ihre nonverbale Kommunikation bei solchen „Zufallsbegegnungen" bewegte sich im engen Spektrum zwischen Pokerface und gezieltem Wegschauen, sich verstecken und wegrennen. Ich sah ihre Schuldgefühle und ihre Scham, und spürte wie mein Herz dicht machte. Es hatte sich nichts verändert. Die beiderseitigen Schutzmauern wuchsen mit jedem Mal, gründend auf einem Fundament aus Angst, Verdrängung und Verletztheit.

Einmal sind wir uns doch noch für einen langen Moment sehr nah gekommen, Anfang August 2017 in einer Extremsituation, deren Folgen ich, wäre Frank nicht gewesen, nicht überstanden hätte. So schwer und dunkel wog die Energie dieser bisher letzten Umarmung, die Frank mir (wie so oft) *von hinten* aus dem Herzchakra zog.

Ich habe mich danach unbewusst lange innerlich zurückgezogen und abgeschottet, um mich zu schützen. Ich verschloss mein Herz, ließ nichts mehr tiefer an mich heran, stürzte mich in die Arbeit, war selbst für meine Familie und die Freundinnen kaum zugänglich und konnte das Leben, auch wenn äußerlich vieles richtig gut lief, nur selten genießen. Meist nur durch einsame Flucht in die Musik oder Natur.

Ich überließ in dieser Phase unbewusst dem Verstand das Feld. Seine Strategien bei emotionalen Verletzungen sind das Wegsperren und Verdrängen. In beiden Fällen bleibt die Verletzung im Schmerzkörper gespeichert. Jede auch nur ansatzweise im Hinblick auf die Aktivierung des Traumas verdächtig erscheinende Situation alarmiert das Unterbewusstsein und wird folglich vermieden.[170] Und so mied ich die einstigen Orte unserer Begegnungen, ihren Wohnort sowie den Kontakt mit dem Unternehmen, für das sie arbeitet. Kam ich in eine öffentliche Situation, sei es in einem Geschäft, Restaurant

---

[170] vgl. Schache (2018), S. 111f.

oder einer Veranstaltungshalle, scannte ich zunächst voller Unruhe die Anwesenden – ohne zu wissen, wie ich mich im Fall ihrer Anwesenheit verhalten hätte. Selbst Laura, die sich einst als die große Wegbereiterin, ja geradezu Initiatorin des gegenseitigen Erkennens gezeigt hatte, ging ich auf dem Trainingsplatz aus dem Weg – und sie mir folglich umso mehr.

Eine durchaus gewöhnliche, aber letztlich wenig effektive und zudem sehr traurige Strategie, mit den schmerzlichen Erfahrungen umzugehen. Der Schlüssel zur Heilung liegt auch hier in der *Bewusstwerdung*. In diesem Fall um die Fähigkeit des Herzens, sich selbst zu heilen, indem man ihm ermöglicht, die erlittene emotionale Verletzung zu Ende zu verarbeiten. Die Lösung liegt also nicht im Verdrängen und Abschotten, sondern genau umgekehrt im Aufnehmen und nochmaligen Durchleben des Traumas im Herzen.[171]

Das Schicksal meinte es erneut gut mit mir. Im August 2018 veranstaltete meine ewige Freundin Anna, die mich in all den Jahren großartig unterstützt hat, gemeinsam mit ihrem Mann ein großes Gartenfest. Dort traf ich Susanna wieder. Sie haben ihren Namen bereits in den Kapiteln *Die blaue Blume* und *Staub und Phantasie* gelesen. Ich wusste, dass sie als Heilpraktikerin arbeitet und dabei auch eigene energetische Methoden anwendet. Wir waren uns vorher bereits einige Male begegnet und dabei noch nicht tiefer über ihre Gabe ins Gespräch gekommen, aber mein Interesse an ihr und ihren Fähigkeiten brannte seit unserer ersten Begegnung. An diesem Abend entdeckte ich Susanna allein an einem Tisch, setzte mich freudig überrascht zu ihr und erzählte ihr ohne Umschweife meine Geschichte. Mit einer Selbstverständlichkeit und Direktheit, als hätten wir uns zu nichts anderem dort verabredet. Das Gespräch endete mit der Vereinbarung eines Termins Anfang Oktober in ihrer Praxis, 400 km entfernt. Kurz darauf verließ sie mit ihrem Begleiter das Fest, wissend, ihre Aufgabe für den Abend erfüllt zu haben.

---

[171] vgl. Schache (2018), S. 112ff., hier finden Sie auch eine begleitende Anleitung.

In der Sitzung konnte sich Susanna zunächst kaum zu meinem Herzen durchspüren, so massiv war die energetische Barriere, die ich (unbewusst) darum errichtet hatte. Sie rief mir ins Bewusstsein, wie sehr ich seit der heftigen letzten Begegnung mit Mara im August des Vorjahres mein Herz verschlossen und abgeschirmt hatte, und dass dies meiner Bestimmung samt der aus der Dualseelenbegegnung, diesem großen Geschenk des Himmels, entspringenden Aufgabe absolut widerspreche. Ich verstand sofort und bemühte mich fortan darum, die Mauer um mein Herz bewusst wieder abzubauen, mich wieder auf das L(i)eben und Fühlen einzulassen, was mir innerhalb erstaunlich kurzer Zeit einen völlig veränderten Blick auf die Thematik und meine Erfahrungen mit Mara schenkte, dank dem ich auch nun endlich dieses Buch schreiben kann.

Erst der positive, liebevolle, dankbare und demütige Blick zurück hat mir auch eine veränderte Haltung im Hinblick auf die große und wichtige Lernaufgabe *Loslassen* ermöglicht. Ursprünglich hatte ich Loslassen angesichts meiner Überzeugung, dass Mara und ich untrennbar zusammengehören, immer als einen unnatürlichen, widersinnigen, zwanghaften, brutalen Akt der Trennung verstanden, was das Annehmen dieser Aufgabe völlig unmöglich machte.

Entscheidend für meinen Perspektivwechsel war jedoch das Bewusstsein, dass wir als Dualseelen natürlicherweise *immer und ewig* untrennbar zutiefst miteinander verbunden sind; wir sind *eine* Seele, die in zwei verschiedene Körper inkarniert ist. Die Trennung existiert also lediglich auf rein physisch-zeitlicher Ebene, nicht aber auf *geistig-energetischer*. Nichts und niemand wird diese ewige Verbindung, das seelische Eins-Sein, auflösen können, nicht einmal wir selbst.

Was bedeutet Loslassen also *wirklich*?

Für mich bedeutet es vor allem *sein lassen*, also Mara und die Umstände so *anzunehmen* wie sie sind, und nicht verändern zu wollen. Verändern kann man sich nur selbst, nicht aber einen anderen Menschen. Und gleichzeitig richtet sich dieses sein lassen *nach innen*, auf sich selbst, in Liebe, Wertschätzung und Anerkennung des eigenen Seins.

Loszulassen heißt auch, diese große, so oft gehörte, bittere Wahrheit „Du kannst sie nicht retten!" nicht nur rational, sondern auch von Herzen anzuerkennen, den zermürbenden Kampf aufzugeben und alles Weitere dem *Schicksal* zu überlassen. Liebe kämpft nicht. Und auch das Schicksal, unseren Seelenplan, dürfen wir annehmen und *sein lassen*.

Loslassen bedeutet, sich selbst und dem anderen zu *verzeihen*. Zu akzeptieren, dass jeder von uns durch die Verabredung der Seelen vorgesehene Gründe in sich trägt, sich in jeder einzelnen Situation so zu verhalten wie er es tat, auch wenn es auf den anderen verletzend, verständnislos, abweisend oder ignorant, mit einem Wort *herzlos* wirken musste. Die Dualseele spiegelt deine innersten Bedürfnisse und Sehnsüchte ebenso wie die blinden Flecken und Abgründe deiner Seele. Das ist ihre *Aufgabe*, ihr Geschenk an dich! Alle als Verletzung empfundenen und verurteilten Erfahrungen sind *Wegweiser für die persönliche Entwicklung*, die du dankbar annehmen darfst.[172]

Loslassen bedeutet auch, mit den Erinnerungen und den damit verbundenen Gefühlen *abzuschließen*. Nicht im Sinne eines Vergessens, Verleugnens oder Verdrängens – und schon gar nicht Verurteilens. Es geht stattdessen darum, das Hadern über das unerfüllte vorläu-

---

[172] Colin C. Tipping erläutert u. a. die allesamt auch in diesem Buch behandelten Grundannahmen der Unsterblichkeit der Seele, der universellen Verbindung, eines unsere Wege bestimmenden Schicksals und der Entstehung von Realität durch unsere Gedanken als die Voraussetzungen für die Theorie und Praxis der *Radikalen Vergebung*. Vgl. Colin C. Tipping: Ich vergebe. Der radikale Abschied vom Opferdasein, Bielefeld [16]2016, S. 42ff.

fige Ende aufzugeben, das sich ewig im Kreis drehende Gedankenkarussell zu stoppen, das Ego und den Schmerzkörper zu entmächtigen und die gemeinsame Erfahrung nicht weiterhin als Alibi für die eigene Passivität und Abschottung zu missbrauchen. Stattdessen gilt es, die viereinhalb gemeinsamen Jahre in das Herz aufzunehmen und in Anerkennung und Wertschätzung für Mara und mich selbst dankbar in Erinnerung zu behalten. In der Gewissheit, jeder von uns beiden hat es so gut gemacht wie er konnte.

Loszulassen heißt also auch, die *Perspektive* zu *wechseln*. Zu lernen, die Dinge aus anderen Blickwinkeln als dem des eigenen Egos und Schmerzes fokussierend auf die Schwierigkeiten des Alltags und der Umstände zu betrachten, und dadurch ein tieferes Verständnis für die Zusammenhänge zu gewinnen und gelassener zu werden. Ganz nach Rüdiger Schache: „Wenn es weh tut, denke höher!"[173]

Loslassen bedeutet *frei* lassen, also dem Dual und sich selbst die Freiheit zuzugestehen, eigenständig den sachlichen und ethischen Bezugsrahmen seiner Entscheidungen zu wählen, zu interpretieren und zu leben, sich für Richtung und Geschwindigkeit des eigenen Weges zu entscheiden und sich gemäß der eigenen Disposition weiter zu entwickeln.

Loszulassen bedeutet schließlich *bei sich anzukommen*, liebevoll mit sich umzugehen und so die Liebe in die Welt zu tragen. Alles beginnt mit und in dir selbst. Der Weg zur Dualseele führt über die eigene Ganzwerdung durch die Integration der eigenen Schatten. Nur in dem Maße, in dem wir uns selbst zu lieben lernen, können wir auch mit der Dualseele verschmelzen. Denn in unserer Dualseele begegnen wir niemand anderem als *uns selbst*.

Loslassen zeigt sich folglich als ein *Akt der Liebe,* vor allem der *Liebe zu sich selbst*. Es darf aber auch darüber hinaus als fundamentales Lebensprinzip gelten. Erinnern sie sich an das Ego und den Schmerzkörper? Ihrer beider Anschwellen ist einzig und allein der Tatsache

---

[173] Schache (2018), S. 159

geschuldet, dass wir an alten Gedanken und Emotionen festhalten, sie nicht verarbeiten, sprich: nicht *loslassen*. Anders als die Ente, die ein paarmal kräftig mit den Flügeln schlägt. Würden wir es lernen und ritualisieren, könnten wir Ego und Schmerzkörper den Nährboden entziehen, den sie zum Wirken benötigen. Stellen Sie sich vor, welch revolutionäre Veränderung dies für das Zusammenleben aller Menschen bedeuten würde!

Somit erweist sich Loslassen schließlich als *Akt der Befreiung und der Freiheit*. Freiheit! Etwas, das für uns in unserer satten, verwöhnten Gesellschaft so selbstverständlich geworden ist, dass wir es kaum mehr bewusst wahrnehmen und schätzen, geschweige denn uns dafür einzutreten veranlasst sehen. Mit der bitteren Folge, dass wir uns auch wenig um unsere *innere* Freiheit scheren, sie nicht als eines unserer höchsten persönlichen Güter achten und leben. Doch ist sie uns nicht geschenkt. Nur wenn es uns gelingt, sie als geistige Grundlage unserer Existenz anzuerkennen, als Teil unseres Bewusstseins zu etablieren und wertzuschätzen wird sie *wahr*. Nehmen wir dieses himmlische Angebot an! Nur in innerer Freiheit wird es uns gelingen, Weite zu erfahren und unser Bewusstsein für die Geschenke des Himmels zu öffnen, die uns aus der Angst in die Liebe führen, aus der Dunkelheit in das Licht.

Epilog 1

> *Am Ende ist alles gut.*
> *Und wenn es nicht gut ist,*
> *dann ist es nicht das Ende.*
>
> Indisches Sprichwort

Maras und meine Geschichte ist nicht zu Ende erzählt. Wie auch, angesichts der Ewigkeit unserer Verbindung? Dieses Buch markiert einen Zwischenstand, einen Meilenstein auf meinem Weg, den ich nun der Stimme meines Herzens folgend auf diese Weise mit Ihnen, liebe Leserinnen und Leser, teilen durfte. Ich danke Ihnen dafür.

Als Hermann Simon ungefähr so alt ist wie ich es jetzt bin, sitzt er mit seinem 16 Jahre älteren Halbbruder Ernst in dessen schlicht eingerichteter Wohnküche bei einem Glas gutem Rotwein.

> *Hermann: „Alles woran wir geglaubt haben ..."*
> *Ernst: „... hat uns traurig gemacht, stimmt's?"* [174]

Ein wundervoll melancholischer Dialog, dessen Schönheit die enthaltene Resignation relativiert. Sicherlich gibt es Menschen, die aus der Dualseelenbegegnung überfordert, frustriert und verbittert, verunsichert und verängstigt hervorgehen, sie nicht als Entwicklungschance zu erkennen und nutzen vermögen. Ich möchte es allerdings gern anders als Ernst sehen: Was wären wir ohne unsere Träume und Phantasien, diese positiven, bahnbrechenden Energiequellen? Sie haben uns beflügelt, auch wenn wir schließlich nicht immer dort gelandet sind, wo wir ursprünglich hinwollten. *Dankbarkeit* statt Frustration und Resignation also. *Zuversicht* statt Verzweiflung. Das Leben ist Veränderung, und sein Drehbuch längst von weiser Hand geschrieben. Warum sich also grämen, sorgen oder gar resignieren?

---

[174] Edgar Reitz: Heimat 3. Chronik einer Zeitenwende, München 2004, S. 363

Epilog 2

Ich habe die Erfahrung der Begegnung mit meiner Dualseele Mara nur aus meiner eigenen Perspektive und Rolle beschreiben und mithilfe der mir verfügbaren Informationen deuten können. Jeder von uns trägt seine ganz eigene Wahrheit in sich, seine ganz eigene Version der Geschichte und Sicht der Dinge, seine Lebensziele und seinen Seelenplan. Und alles davon hat seine Berechtigung. Niemandem steht es zu, zu vergleichen, zu urteilen oder gar zu *ver*urteilen.

Was Mara aus unserer Begegnung gelernt hat, mit welchen Gedanken und Gefühlen sie inzwischen auf die aktive gemeinsame Zeit zurückblickt, ob dieses Buch den Weg zu ihr findet und was es ggf. auslöst, all das weiß ich nicht. Doch ist das von Bedeutung? Alles wird sich finden, und jeder von uns beiden ist frei, seinen ganz eigenen Weg zu gehen. Vergessen werden wir UNS nie. Aber der Weg zur Dualseele führt über die *eigene Ganzwerdung*. Alternativlos.

Was bleibt, ist meine ganz persönliche Essenz des Erlebten:

Öffne dein Herz, höre achtsam darauf und folge ihm.
L(i)ebe dein Leben, deine Bestimmung, deine Freiheit.

Übernimm Verantwortung für dich und dein Leben.

Nimm offen an und lass zu, was dir das Leben schenkt.
Nichts ist zufällig, alles hat einen guten Sinn.

Vertraue! Habe keine Angst.
Sei bei dir, du bist nicht allein.
Entscheide dich bewusst für die Liebe.

Das ist alles, was ich weiß.

Also ist die Antwort auf die Frage
nach dem Sinn deines Lebens:
dem Herzen folgen.
Denn sobald du dem Herzen folgst,
verschwindet die Sinnfrage.

Rüdiger Schache (2018), S. 125

Abbildungsnachweis

Titel | Vergissmeinnicht-Herz: iStock.com / SasPartout

S. 16 | Wellen des Lebens: eigene Fotografie, Playa de Tauro, Gran Canaria, Januar 2019
Zitat: Jon Kabat-Zinn: Wherever You Go, There You Are. Mindfulness Meditation in Everyday Life, [10]2005, S. 30

S. 18 | Szenenbild aus *Homo Faber* (1991) mit Julie Delpy als Sabeth und Sam Shepard als Walter Faber. Regie: Volker Schlöndorff, Verwendung mit freundlicher Genehmigung von Volker Schlöndorff

S. 19 | Szenenbild aus *HEIMAT – Eine deutsche Chronik* (1984), Film 1: Fernweh, mit Michael Lesch in der Rolle des Paul Simon, Regie: Edgar Reitz, Verwendung mit freundlicher Genehmigung von Edgar Reitz

S. 22 | Augen – Spiegel der Seele: Fotografie meines Vaters, März 1970

S. 31 | „Es gibt Freundschaften …": ShutterStock.com / kesipun
Zitat: Matthias Claudius: Von der Freundschaft, in: Asmus omnia fua Secum portans, oder Sämmtliche Werke des Wandsbecker Bothen. IV. Theil, Wandsbeck 1782, S. 11-14, hier: S. 14

S. 36 und 139 | Geflügeltes Herz: Acrylzeichnung Stefanie H.

S. 37 | Herz und Seele: ShutterStock.com / Muamu

S. 50 | Die Welten und Entwicklungsphasen der Seelen: eigene Darstellung auf der Basis von Hasselmann/Schmolke (2001), S. 50ff. Symbol Seelen: freepik.com / yurlick

S. 52 | Giraffe: unsplash.com / Briana Tozour

S. 53 | Juist: eigene Fotografie, Februar 2015

S. 55 | Abend am Fluss: eigene Fotografie, März 2019

S. 62 | „Ego says …": unsplash.com / Brian Mann
Zitat: Marianne Williamson auf Twitter, 10.08.2013

S. 67 | Vergissmeinnicht-Herz: ShutterStock.com / Birute Vijeikiene

S. 74 | Achterbahn: unsplash.com / Priscilla Du Preez

S. 82 | Die Chakren des Menschen: iStock.com / PeterHermesFurian

S. 83 | Chakra-Meditation: eigene Komposition,
Symbole Can Stock Photo / andegro4ka

S. 90 | Szenenbild aus *Die Brücken am Fluss* (1995, OT: The Bridges of
Madison County) mit Clint Eastwood als Robert Kincaid und Meryl
Streep als Francesca Johnson. Regie: Clint Eastwood, © Warner Bros.
Entertainment Inc.

S. 92 | „Two lost souls ...“: unbekannter Künstler, eigene Fotografie,
Januar 2019

S. 95 | Szenenbild aus *Angst vor der Angst* (1975), Regie: Rainer Wer-
ner Fassbinder, Produktion: WDR (Westdeutscher Rundfunk 1975),
mit freundlicher Genehmigung der Rainer Werner Fassbinder
Foundation, vertreten durch Juliane Lorenz-Wehling

S. 97 | Hexenverbrennung: eigene Fotografie (Januar 2019) eines Reli-
efs auf dem Heimatbrunnen auf dem Gerricusplatz in Düsseldorf-Ger-
resheim, auf dem die Hinrichtung der angeblichen Hexen Agnes Ol-
mans und Helene Mechthild Curtens im August 1738 dargestellt wird.

S. 104 | Liebe vs. Angst: Acryl und Aquarell, Stefanie H.

S. 117 | Tàijí-Symbol (Yīn und Yáng): Gregory Maxwell, https://com-
mons.wikimedia.org/w/index.php?curid=364239, Aufruf 19.01.2019

S. 123 | Konfliktstruktur Dualseelen/karmische Verstrickung:
eigene Darstellung

S. 125 | Change/Chance: eigene Fotografie, April 2019

S. 135 | Neujahrsspaziergang: eigene Fotografie, 1. Januar 2020

S. 136 | ... in das Licht: ShutterStock.com / Mykola Mazuryk

Cover Rückseite | ... nicht allein: eigene Fotografie, Παραλία
Ξερόκαμπος , Κως, Oktober 2019

Buchrücken | Vergissmeinnicht: ShutterStock.com / Bo Valentino

Literaturverzeichnis

Robert Betz: Erkenne Dich in den Spiegeln deines Lebens! Die Spiegelgesetze verstehen und anwenden lernen, Vortrags-CD, München 2007

Vera F. Birkenbihl: Stroh im Kopf? Vom Gehirn-Besitzer zum Gehirn-Benutzer, Speyer [55]2017

Margit und Rüdiger Dahlke, Volker Zahn: Frauen-Heil-Kunde, Be-Deutung und Chancen weiblicher Krankheitsbilder, München 2003

Rüdiger Dahlke: Das Schatten-Prinzip. Die Aussöhnung mit unserer verborgenen Seite, München [8]2010

Rüdiger Dahlke: Die Schicksalsgesetze. Spielregeln fürs Leben. Resonanz Polarität Bewusstsein, München [12]2009

Thorwald Dethlefsen: Schicksal als Chance. Das Urwissen zur Vollkommenheit des Menschen, München 1979

Corinne Dettmer: Die 12 Gebote des Herzens. Der Weg zurück ins Menschsein, o. O. 2020

Cornelia Ertmer: Der Geschmack von Lebertran. Eine Kindheit in den 50er-Jahren, Dortmund 2018

Alexa Förster: Fühle und gehe selbst! Leichten Schrittes zu mehr Wohlbefinden, Bielefeld [2]2017

Michael Harner: Der Weg des Schamanen. Das praktische Grundlagenwerk zum Schamanismus, München 2013

Varda Hasselmann und Frank Schmolke: Die Seelenfamilie. Sinn und Struktur seelischer Beziehungen. Durchsagen aus der kausalen Welt IV, München [5]2001

Günter Heede: Selbstermächtigung. Zum Wohle und Nutzen aller, Berlin 2015

Anne Heintze: Seelenpartner. Liebe ohne Limit. Bedingungslose Liebe finden und schenken, München 2015

Kurt Zyprian Hörmann: Fühlen ist klüger als Denken! Mit Intuition die richtigen Entscheidungen treffen, Bielefeld [5]2014

Byron Katie: The Work of Byron Katie, Ojai 2013 (Auszug aus Byron Katie und Steven Mitchell: Lieben was ist. Wie vier Fragen Ihr Leben verändern können, München 2002), online unter http://thework.com/sites/deutsch/

Paul Keller: Die Alte Krone. Ein Roman aus dem Spreewald, erschienen 1909, Neuausgabe Berlin 2017

Dawne Kovan: Numerologie, Köln 2004

Claudia Müller-Ebeling, Christian Rätsch und Wolf D. Storl: Hexenmedizin. Die Wiederentdeckung einer verbotenen Heilkunst - schamanische Traditionen in Europa, Aarau [5]2005

Osho: Das Buch vom Ego. Von der Illusion zur Freiheit, Berlin [6]2012

Edgar Reitz: HEIMAT. Eine Chronik in Bildern, München/Luzern 1985

Edgar Reitz: Heimat 3. Chronik einer Zeitenwende, München 2004

Jeanne Ruland: KRAFTTIERE begleiten dein Leben, Darmstadt [19]2013

Sandra Ruzischka: Das Geheimnis der Dualseelen, Seelengefährten und Seelengeschwister. Karmische Verbindungen und über die großen Herausforderungen dieser Begegnungen in unserem Leben, Leipzig [4]2008

Ricarda Sagehorn und Cornelia Mroseck: Dualseelen & die Liebe. Wenn das Schicksal auf zwei Herzen trifft, Norderstedt 2012

Antoine de Saint-Exupéry: Der kleine Prinz, erschienen 1943, Neuübersetzung, Köln 2015

Rüdiger Schache: Ein Kurs in Gegenwärtigkeit und Liebe, München 2014

Rüdiger Schache: Herz über Kopf. Entdecke deinen wahren inneren Kompass, München 2018

Sylvia Suckert: Dualseelen. Pioniere der neuen Zeit, Norderstedt 2016

Colin C. Tipping: Ich vergebe. Der radikale Abschied vom Opferdasein, Bielefeld [16]2016

Eckhart Tolle: Eine neue Erde. Bewusstseinssprung anstelle von Selbstzerstörung, München [3]2005

Eckhart Tolle: Torwege zum Jetzt. Die drei Techniken zu höherem Bewusstsein, Hörbuch, München 2010

Alberto Villoldo: Das geheime Wissen der Schamanen. Wie wir uns selbst und andere mit Energiemedizin heilen können, München [13]2001

Steven Lee Weinberg: Ramtha, Freiburg 1998

Brian L. Weiss: Die Liebe kennt keine Zeit. Eine wahre Geschichte einer Seelenverwandtschaft aus früheren Leben, Berlin [4]2012

Changlin Zhang: Der unsichtbare Regenbogen und die unhörbare Musik. Die Entdeckung der Zusammenhänge zwischen elektromagnetischen Feldern in Lebewesen und den Wirkungen von Akupunktur, Klangtherapie und anderen komplementären Heilmethoden, Battweiler 2010